作文乃是你与自己的心灵交谈的一种方式。

你精神上的故乡逐渐在与心灵的交谈中形成，

如同以你的名字命名的一块陆地在地壳的运动中形成。

那些善于与自己的心灵好好交谈的人，

其精神也较容易从人生的低谷中振作起来。

叙事文是你们与自己的心灵进行想象意义交谈的方式，

议论文是你们与自己的心灵进行思想层级交谈的方式。

而"中学纪"仍排斥作文的同学，

往往终其一生再无精神故乡。

梁晓声 的 写作课

中学生如何写好作文

梁晓声 著

青岛出版集团 | 青岛出版社

目录
CONTENTS

自序
说在前边的话

第一章
愉悦的心情让难事变易 / 013

第二章
想写好作文就不能重理轻文 / 029

第三章
合理上网，多读好书 / 051

第四章
中学生作文的意义叩问 / 065

第五章
向名家名作学习 / 089

第六章
多种构思 / 125

第七章
"改造"和续写 / 145

第八章
议论文怎样议、怎样论？ / 167

第九章
183 / "费脑筋"的议论文

第十章
197 / 中学生应该懂得的道理与"道理"

第十一章
207 / 好品德出好作文

第十二章
247 / 文字是文章的肌肤

271 / 结束语

自序

2002 年以前，我从没想到过，有一天会写出这么两本小册子。

2002 年初，我调至北京语言大学，成为中文系教师。几年后，萌生了写这么两本小册子的想法。但由于精力所限，并未动笔。

现在，我早已过了退休之龄，不久还要再打一份措辞坚决的"退休报告"。于是，写这么两本小册子的念头更加迫切了。

我将这两本小册子视为我教师生涯的句号。

我认为小学生同时要读《中学生如何写好作文》——这有利于你们提前了解中学生作文与中学生智力全面发展的关系。

我也认为中学生同样有必要读《小学生如何写好作文》——反观一下自己在"小学纪"与作文的关系，可以从认识误区中跳脱出来，形成新的认识，以新的态度对待作文。何况，在关于小学生作文的一册中，我所谈到的某些自我训练之法，对中学生同样适用。

或许有人会认为，在"小学生如何写好作文"这个问题上，我给出的某些方法要求太高，超出了小学五六年级学生所能达到的程度，比如将古典诗词"电影化""史诗化"的方法。

我不这么认为。

我认为目前老师和家长们对五六年级学生的作文要求较低，低于他们的感性脑区应该达到的能力水平。大人们低估了孩子们大脑已具备的潜能。帮他们激活、开发这种潜能，恰恰是以稍难一点儿的方法为好。这不但不会累伤他们的头脑，反而会使他们乐于尝试，使他们的智力在愉快的实践中得到较全面的发展。

曾让我犹豫再三的是，对于小学生，究竟以一种与"孩子们"交谈的文字来写好呢，还是以引导学生的文字来写好。

几经犹豫，我决定以后一种文字来写。

因为小学五六年级的学生，既是"孩子们"，也同时是"学生们"。而当下的他们，由于种种原因，作为"学生"的意识很淡，作为"孩子"的意识则很强。"孩子"与"学生"的区别在于，"孩子"是可以拒绝学习方法的，而拒绝学习方法的学生，其智力将会被"孩子"二字所拖累。

对于中学生，我用整整一章讲了几条"大道理"，我认为那对他们是至关重要的。不懂得那几条"大道理"的中学生，将来即使获得了大学毕业文凭，可能也仍是一个没文化、低素质的人。

愿这两本小册子对我们的"学生们"轻松地写好作文有所帮助。

梁晓声

2013 年 5 月 20 日于北京

说在前边的话

同学们，祝贺你们成为中学生！

人生有一些较特殊的"一年"——由小学生而初中生、由初中生而高中生、由高中生而大学生、由大学生而研究生的一年，或曰"那年"，都是较特殊的一年。

在古代，人过了这样的"一年"，不论男女，从发式到服装都会有改变的。对于讲究的人家，儿女不想改变是不行的。除了外在的妆饰，家长对儿女学识、道德、涵养上的要求，也将换一种尺度。

四五十年前，即使普通人家的家长，也往往会对上了中学的儿女说："别再拿自己当小孩儿了啊，你已经上中学了，是半大的个孩子啦！"

若由初中生而高中生了，家长们又往往会说："高中生了啊，该有点儿大孩子的样儿了啊！"

再由高中生而大学生，家长们则会说："不是孩子了啊，凡事该有点儿成人意识了！"

从"别再拿自己当小孩儿了"到"该有点儿大孩子的样儿了"到"该有点儿成人意识了"，经历了那样的一些"一年"后，儿童和少年们身不由己地，简直可以说"突飞猛进"般地长大着。以地球的年龄来类比，那样的"一年"，似乎也标志着是人生的"纪"。

由大学而研究生，无须家长或别人说，自己就应这么想——如果不是读研究生，我已经是参加工作的人了！

这标志着一个人的人生进入了"成人纪"。

那么，你们现在是中学生了，姑且说是进入了"中学纪"吧。

你们的爸爸妈妈也许不会对你们说"你已经长大了"，但这可不等于你们在他们的心目中还是那个小孩子，更不等于别人也还是那么看待你们。

举例来说，在公共场合，若一些中学生大声喧哗，别人阻止时说的可就是另一种话了——与阻止小学生很不同的话。

家长、学校和公众对小学生和中学生的要求尺度之不同，几乎是随时随地都被证明着的事实。所谓不争的事实。

我以前多次讲到这样一件事——我认识的一位欧洲国家的女

中学校长，在迎接新生入学的欢迎会上，总是要这样开始她的演讲："尊敬的女士们、先生们……"

切莫认为她是语言呆板、思维古怪的女性，恰恰相反，五十多岁的她和蔼可亲，不乏幽默感，很受学生们爱戴。

也切莫以为，她以"女士们""先生们"称入学新生，不过是想展现一下幽默。

不，不是的。

事实上，她对新生们进行演讲时，一向是神情庄重的。

她极认真地对我说："家长将学生交给了我们中学，也等于是国家将学生交给了我们中学，我要使我的学生们明白这样一点，在我们国家里，没有谁有理由可以晚几年长大。我们的国家之所以仍保持着一定的发展活力，不是由于沉湎于童年快乐的青年人较多，而是由于能够清醒又自觉地从某一年开始告别童年的青年人较多。"

那么，我是否会在这一本专门为你们写的书中也称你们为"女士们""先生们"呢？

不会的。

我还是要称你们为"同学们"。何必凡事非学人家呢？依我想来，那位外国女中学校长对我说的话，无非是在表达这么一种意思：人到了哪一年龄阶段，就要以哪一年龄阶段的"社会共识"来要求自己。一个孩子丧失童年的快乐是不幸的，家长、学校和社会都应对此感到内疚。但是到了少年阶段，你们事实上已不再是儿童，就应在某些方面对自己有更高的要求——包括作文这件事。

说心里话，尽管我在本书一开始对你们升入中学表示了祝贺，然而我实际上并不太清楚，你们中究竟有多少同学因此觉得愉快，甚或有几分兴奋；又有多少同学是忧心忡忡的，反而开心不起来。

愉快也罢，开心不起来也罢，兴奋也罢，忧心忡忡也罢，反正你们都得面对这样一个事实：你们再也不是小学生了！你们永远也退不回"小学纪"去了！

既然退不回去，就勇敢地往前走。所以我首先还是要祝贺你们成为中学生了，接着鼓励你们：不要怕！加油！不就是学业压力将比小学时更大了嘛！已经是半大孩子了，都经历过"小升初"的"洗礼"了，知道毕业考试是怎么回事了，增加点儿压力算什么？

据我所知，在以后的初中升高中的毕业考试中，作文分数将占到语文分数的近半了。

我是赞同这种分数比例的。

语法常识的掌握、字词应用的能力，总归要通过作文的水平来体现的。作文写不好，怎么能证明语文学得好呢？

就在我开始为你们写这本小册子前两年，我去一家小洗衣店送几件要洗的衣服，恰逢开洗衣店的阿姨声色俱厉地训斥她已经上初二的儿子。

"你说你，都初二了，一篇作文吭哧两三个小时都写不出来！你平时那股子聪明劲儿哪去了呢？在网上开博客你倒挺来劲儿的！更新微博你一写就是好几条！那能顶语文分数吗？两年后升高中考试考那些吗？你妈经营这么一个小洗衣店容易吗？你就看不到爸爸妈妈供你上学有多辛苦吗？……"

那位阿姨说到伤心处落泪了。

那名中学生正在吃盒饭，下午还要赶去上学。妈妈伤心了，他也咽不下饭了，低着头，也快落泪了。

我问那位阿姨："孩子平时语文成绩怎么样呢？"

那位阿姨说："凡是要求背的，都能背得滚瓜烂熟。凡是要求默写的，也很少写错别字，更没有写不上来的时候。可一写作文就吭哧瘪肚了，从小学到中学一直这样！"

我又问那个男孩，老师要求写一篇什么内容的作文。

他妈妈替他回答说，要求写一篇读后感。

我说，读后感也不是多么难写的作文啊。我又问那个男孩读过些什么书。

他垂着头不回答。

他的妈妈这时嚷嚷了起来："整天有点儿空儿就上网，看网上那些穿啊越啊玄啊幻啊乱七八糟的东西！一看就着迷上瘾，吃饭都得催几遍！有时看得连作业都不写不交啦！现在怎么样？连篇读后感也写不出来了！就他看那些乱七八糟的东西，能写到读后感里吗？就是写了，老师能给分吗？……"

我说："网上并不都是乱七八糟的东西，也许他看的是……"

我的话还没说完，那个男孩将碗往桌上一放，猛起身拎上书包跑出去了。

他的妈妈不由得就哭出了声。

当时我想，我已经为小学生们写过一本谈怎样写好作文的小册子了，看来我还应该为中学生们写一本类似内容的小册子。我虽然不是这方面的专家，但毕竟有些写作的体会。我认为学生的作文写作，尤其成为中学生以后，在某些基本规律、基本经验方面，与作家进行文学创作是相通的。何况我曾有过小学作文教学的经历，近年也多次指导过中学生写作文，在大学里也经常对大学学子的写作予以点评，那么多少是可以提供一些有益的建议的。

事实上，大学学子们对写作的态度以及他们写作中暴露出来的较普遍的问题，每使我得出这样的推断——他们对写作这件事的畏难心理，以及他们在阅读和写作中所存在的较普遍的问题，肯定是他们在"初中纪"或"高中纪"畏难心理的延续——事实也确实如此。

那么，让我们书归正传！

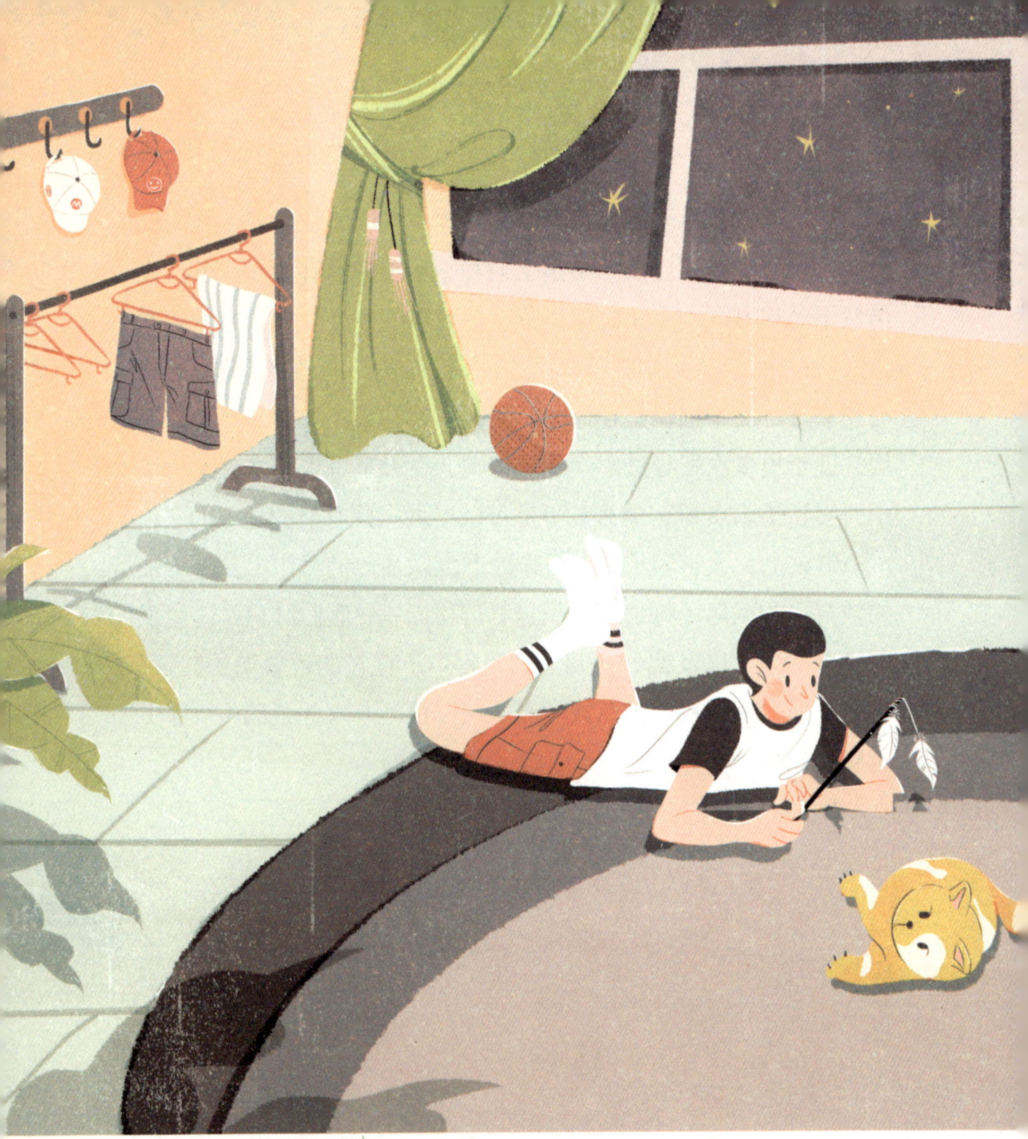

第一章

愉悦的心情
让难事变易

不要把写作文当成一件为难的事，同学们只要带着愉悦的心情去写、去练习，就会从中得到乐趣，并且从克服畏难情绪的过程中，培养进取精神，具备自己以前所没有的能力，锻炼心智，得到成长。

愉悦无难事

世上某些使人畏难的事，其实可以变成使人愉悦的事。以愉悦的心情做事，并且善于总结经验，那些难事渐渐也就不再使人觉得多么难了。

世上有些事对任何人都是难事，并且因人的主观意志和努力而改变其困难程度，比如攀登珠峰之类的登山运动，比如特种兵接受训练。此类事的困难程度肯定因人的体能状况和经验有无而有不同，但客观的难度也是肯定的。你怀着不好的心情去登珠峰，是一件难事；你怀着好心情去登，也绝不会变得容易。你不情愿地参加特种兵训练，那种训练对你是艰苦异常的；你写了血书豪情万丈地主动要求参加训练，其训练的艰苦程度也绝不会减少。

但世上也有另外某些事，看上去很难，以那些事为"专业"的人，却不觉得有多么难，常常能以愉悦的心情做那些事，比如杂技冒险家走钢索、特技表演者表演飞车。

世上还有一些事，根本就不是什么难事。非但算不上什么难事，本质上还属于能使人获得愉悦的事。

在我看来，写一篇较好的作文，对于中学生就是"能使人获得愉悦的事"。

请注意，我这里说的只是写一篇较好的作文而已，不是一篇千载不朽的传世美文，或是一篇可供全世界中学生们顶礼膜拜的经典作文。自从有中学以来，迄今为止，全世界不知毕业过多少中学生了，往少里算，也能有中国目前的人口这么多了。那么他们写过的作文数量，估计得有全世界人口数的几倍了吧。可这些作文中却从没出现过什么经典作文，足见全世界的中学语文老师们对中学生的要求，从来就没高到使他们有理由感到为难的地步。

怀着愉悦的心情，写作文就会变成一件乐事。

"不来噻"缝棉衣

我认为，中学生写一篇较好的作文，并不比一名中学男生拆洗并重新缝好一件棉袄难到哪去——我指的是此前从没动过针线的中学男生。

我为什么要这样来比呢？

　　容我细说端详。在知青的年代，我所在的排里有一名上海男知青，下乡时年龄很小，是当年的初二学生。下乡三年，还没自己拆洗过被褥。每次拆洗，都是他的班长帮忙。他当然也过意不去，千恩万谢的，却总强调自己笨，连说："这种事，阿拉天生不会做的。弄不好，不来噻，不来噻！"

　　于是大家就送了他个绰号"不来噻"。

　　那年夏季，女知青们带头拆洗并重新缝好她们的黄棉衣。男知青们见她们的棉衣重新缝好后那么干净，便也动手拆洗重缝。这种事，有几个知青是下乡前就做过的呢？都没做过，都"不来噻"的。但女知青们能做好的事，男知青们有什么做不好的呢？大家不都同样长着一双手嘛！不久，宿舍里不少男知青的棉衣也变新了，干干净净的了。"不来噻"特羡慕，央求班长帮他拆洗重缝。班长很爽快，说："可以啊。不过这次你得自己拆，自己洗，我当班长的只替你缝。"于是，"不来噻"就将他那件脏兮兮的棉衣拆了，洗了。而知青中就有些人觉得，应该帮助"不来噻"一举改掉"不来噻"的臭毛病。他们坚决阻止班长替他缝棉衣，并一一向女知青打招呼，不许她们帮他。这使"不来噻"陷于孤立无援之境，但他自己倒也淡定，没人帮，自己就不缝，拖着。他的想法是，拖久了，准会有心生恻隐者大发慈悲主动帮他。他动辄当着大家的面念叨："我就是不来噻嘛！难道一个肯学雷锋的人都没有？"大家呢，都装聋作哑，根本不接他的茬儿。这样一拖，竟从夏季拖到了秋季，

　　作文是一件必须自己来做的事。

眼瞅着天就要冷了。"不来噻"终于意识到，如果不自己动手缝，冬天就要没棉衣穿了。某天，他拿起针线，万般无奈地自己缝起棉衣来，边缝边喃喃自语："阿拉天生就不是做针线活的料儿嘛，唉，不来噻，真的不来噻啊！"大家听着，都忍不住偷偷地笑了。

"不来噻"的"缝棉衣工程"确实进行得很缓慢，他唉声叹气，仿佛在经受痛苦的折磨，仿佛在埋怨大家一点儿情义都不讲，合起伙来虐待他。结束一天的劳动后，别人都到宿舍外去打篮球啦，散步啦，到老乡家串门儿啦，宿舍里只留下他自己，继续进行他孤立无援的"缝棉衣工程"。

又一天，大家从外边回到宿舍时，见他还在认真缝着，竟都愣在了门口，因为他并不是在一边缝一边唉声叹气，而是在轻轻地吹着口哨！分明地，他竟缝出了好感觉，这着实使大家出乎意料。

有人说："'不来噻'，也别太认真了嘛！太认真不就成了和自己过不去了吗？马马虎虎对付着缝起来得啦！"

猜他怎么说？

他说："阿拉才不马马虎虎地对付！谁的棉衣？阿拉自己的！缝不好穿在身上难看的是谁？是阿拉自己！你们以为我傻？连这点儿道理阿拉都不懂呀？……"

他的话又大出众人所料。

冬季到来前，"不来噻"终于穿上了自己一针一线缝的棉衣。他神气活现地在大家眼前踱来踱去，一个劲儿地问这个问那个："看我下襟缝得齐不齐？齐吧。布面缩水了，所以我将棉花剪去了二指宽。本来这件棉衣我穿着就有点儿大，现在多好，正合身！再看这领子、袖口、扣眼儿，针脚多整齐！这些地方，缝得不仔细难看死了！凡事一讲认真，结果那就大不一样！……"

世上无难事，只怕有心人。

实事求是地说，即使与男知青中针线活做得顶好的人相比，"不来噻"的"缝棉衣工程"完成的水平也不低。

诸位别急！

关于那个"不来噻"的事，我还没讲完，且看下文：

没过多久，他被调到团里，进入了机械维修厂。

大家偶尔聊起他时，许多人都认为，他八成惨啦，也许还不如留在连队当农工的好。

这又是为什么呢？

因为机械维修厂是能人聚集的单位，不但要维修联合收割机、拖拉机，还负责维修团里所有的机动车辆，包括团首长们乘坐的两辆吉普。每年冬季是大修期，有些拖拉机或卡车会被送进车间，拆得只剩外壳，进行零部件保养及更换后，再重新组装起来。那年头，拖拉机或卡车是极宝贵的公物，不可轻言报废，修修换换还能开的话，就得继续用。

一件事不怕难，万件事不再难。

连里的知青都认为，将"不来噻"调到机械维修厂，简直是调去了一个废物典型，他在那种地方还不每天都得说几句"不来噻"呀？两三年后他也只能是给别人递递扳子钳子的角儿。

大家又判断错了。一年半后，他的名字竟上了团里的简报。简报表扬他虚心好学，技能突飞猛进，已经可以单独拆解并组装一台拖拉机了。又一年后，他还在机械维修厂的组装比赛中获得了第二名！大家不禁对他刮目相看了。

班长问他："'不来噻'，你怎么到了机械维修厂就像变了个人似的，变得那么'来噻'了？"

他得意地笑道："自从有了拆洗并重新缝好一件棉衣的经验，我对拆装东西一点儿都不觉得为难了。现在的我——不是吹——只要跟师傅学那么几次，一架飞机我都能把它拆解了再组装起来！"

他的话是不是吹牛吹大了另说，但有一点是肯定的，他不再常说"不来噻"了，他从之前使他感到为难的事中，体会到了某种愉悦。事实也正是那样，机械维修厂的人都说他面对有难度的工作时，总能吹着口哨，哼着歌。

难道对今天的某些中学生来说，写一篇作文比当年的"不来噻"拆洗并重新缝好一件棉衣还难吗？

"不来噻"因为有了一次缝棉衣的经历，再拆解并组装拖拉机都不觉得为难了。一名有过从小学四年级到六年级作文经历的中学生，还对作文感到为难多不可思议呀！

"不来噻"能从之前使他为难的事中逐渐体会到愉悦，中

从为难的事中体会到愉悦是一种成长

学生为什么不能从作文中体会到愉悦呢？

拆解并重新组装拖拉机或卡车，不允许发挥创造性，要严格按照规章来做；而作文鼓励写作者表现自己的个人风格，没有什么严格的规章要求。两件事一比，哪件更能使人体会到愉悦，就显而易见了。

作文这件事给人带来的愉悦，却偏偏有人上了中学以后还是体会不到，这是个问题。

但我认为，不是作文这件事的问题，而是人的问题，是某些中学生的心理问题。

究竟是怎样的一种心理问题呢？容我后边再谈。

我要接着谈谈，把那些曾使自己感到为难的事变成使自己愉悦的事，对我们自身有什么益处。

训练山猫的启示

国外的科学家们进行过这样一个有趣的实验，他们捕来几只山猫，分成两组，用不同的方法喂食，追踪观察不同环境对个体成长的影响。

对第一组山猫，科学家们将肉块投入笼中，山猫们轻轻松松吃到肉块。一段时间后，他们将山猫们放归山林，并跟踪观察，发现它们的捕猎能力明显退化。

对第二组山猫，他们将肉块悬在半空，这让山猫们很不容易吃到，但要吃到也绝非完全不可能。多么不容易吃到呢？它们须爬上一棵树，小心翼翼地走至细枝的末端，然后缩身，接着猿猴似的跃到另一棵树上，如是三四，一棵树比一棵树高，直到到达最后一棵树末端，才能接近肉块。但肉块悬在半空，山猫们须飞身而起，才能叼到或抓到。树下还有水。山猫和家猫一样，虽会游泳，却天生怕水。可吃不到肉块就只有挨饿呀，所以再怕水也得冒险一试。有敢为天下先的山猫做示范，别的山猫就跟着学。不久以后，这个笼子里的山猫们都能吃到肉块了，哪一只也不至于挨饿了。

科学家们又对笼子里的山猫进行第二阶段的实验。他们在山猫们饱餐之后，一只只懒洋洋地趴着卧着看上去挺无聊的时候，往笼子里悬挂能引起它们好奇的东西，比如一只假鸟、一个五颜六色的球。

结果怎么样呢？山猫们亢奋起来了。它们照样想要得到悬挂着的东西，有的山猫一次没成功，还要进行第二次、第三次！

为什么会这样呢？

科学家们给出的答案是：它们都是些处在成长期的山猫，按人类的年龄换算，都正处在"中学纪"，尤其喜欢玩耍。再大几岁，如果还是在不饿的情况之下，它们才不会乐于挑战呢！最重要的是，它们从曾使它们为难的事中，体会到了一种愉悦、

克服困难的过程给人带来兴奋和成就感。

一种乐趣。原本令它们为难的事变成了可以让它们大显身手的事，这增强了它们克服困难的自信心，提升了它们达到目的的能力。这不仅是进行实验的科学家们观察到的结果，也是动物行为学家们普遍认可的观点。

第二个笼子里的山猫们重归山林后，野外生存能力明显提高。它们捕猎、求偶、御敌、巡视领地时，都显示出了前所未有的自信。

一件曾使自己为难的事，如果由自己一再经历过了，并且通过经历而不再感到为难了，甚而感到愉悦了，那么这样的过程，是连动物也能受益匪浅的。

亲爱的中学生们，作文这件事之于你们，难道比山猫要吃到悬在半空的肉块更难吗？其实，体现在那些可敬的山猫们身上的，是一种进取精神。"初中纪"是培养学子进取精神的最佳时机；"高中纪"是进取精神稳固定型的阶段；而"大学纪"是进取精神开始发光的阶段。为什么同样是大学生，有的人方方面面表现出自信，而有的人却怠惰成性，牵着不走，赶着倒退呢？

"初中纪"时对作文的态度将直接影响"高中纪"作文潜力的发挥。比如我前边提过的洗衣店阿姨那个上初二的儿子，倘若他没有树立积极的作文观念，那么他在"高中纪"依然会对作文这件事感到为难，心生抵触，进而丧失信心。当然，在考大学时他可以报考理工专业，从此与作文这件事"保持距

中学时期是培养进取精神的关键时期。

离"。

这样就一了百了了吗？

不会的，亲爱的同学们。

如果一个人从小学到初中到高中，连一篇好作文都没写出来过，那么这一看不见的成长缺失将会像烙印一样烙在他或她的心上，使其进取精神在该发光的阶段发不出光。参加工作以后，是人逐渐收获进取精神之成果的人生阶段。如果进取精神曾经被压抑或扭曲，那么它就无法结出丰硕的果实来。

"咪妮"跳上屏风

我家养了一只猫咪，我给它取名叫"咪妮"。它是一只公猫，是我儿子在四年前一个寒冷的大雪天捡回家的，当时它比一卷卫生纸大不了多少。它逐渐信任我们后，可喜欢我们逗它玩了。即使我们仅用一个拴了绳的绒球逗它，它也玩到呼哧带喘还不肯罢休。它的那股子活泼劲儿保持了一年多。有时，它自己也能玩得兴趣盎然，比如将小玩意儿拨到电视柜底下去，然后再趴在地上企图用爪子拨出来。能拨出来，它就特有成就感地蹲守良久。如果拨不出来，它就急得喵喵叫，那是在向我们求助。

以人的年龄来算，那一年大约等于是它的"小学纪"。

咪妮的"小学纪"，自信心养成得很好。因为我们都很宠它，尽量不使它在自信心方面受挫。它想蹿到大衣柜顶上去，我们就将一张桌子挪到大衣柜旁，方便它蹿上去。不过，它也有为难的事，那就是如何爬到屏风上卧着。屏风是家中最高的家具，约一米八，双面都是玻璃，这使它的爪子打滑，屡屡尝试都以失败告终。儿子不忍心见它干着急，每每托举相助。而我反对这种帮助，认为它如果不能学会克服畏难心理进而达到目的，就会变成一只无能的猫。我将一把椅子挪到距离屏风一米多远的地方，希望对它有所帮助。咪妮爬到屏风上去的野心很强烈，某日它从椅背上往屏风上跃，结果没成功，摔在了地上。当时我们一家三口都看着它这纵身一跃，"欣赏"到一只猫当"众"出丑的样子——它摔到地上以后，垂头丧气地走开，钻入被子底下睡了大半天。然而，某日我们从外边回到家里时，不禁对它刮目相看——它已经趴到屏风上去了。屏风的上框才两指宽，它居然能在那么窄的地方趴得稳稳当当！对于我们满怀敬意的注视，它爱答不理，矜持得近于高傲。

克服困难的过程给人带来自信和安全感。

那时我想，这只猫还真有锲而不舍的进取心，它长大了。

从那一天开始，我再用什么小玩意儿或它没见过的东西逗它玩时，它就不怎么愿意跟我玩了，而是蹲踞一旁，心不在焉地看着我一厢情愿地抖动那些玩意儿。偶尔，它也象征性地扑几下，倒像是赏我一次高兴，陪我玩儿。

以前它很胆小，一听到生人的脚步声近门，立刻跑入卧室，钻入被子底下。自从它跃上屏风，如武林高手飞檐走壁以后，胆子大了——我们一为生人开门，它便跃上屏风，高傲地趴着，居高临下、异常镇定地观察着来人的举动。

那时的它，以人类的年龄换算，应该是一只处在"初中纪"的猫了。

亲爱的中学生们，难道你们写一篇较好的作文的难度，还会大于一只年龄也在"中学纪"的猫咪跃上一米八高的屏风，在仅两指宽的屏风上框上趴着吗？

如果说我们作为人类的一员，进取心已明显愧于山猫，总不该连一只半大不小的家猫也不如吧？

将为难之事变为增长能力的事，这一过程的益处不但在山猫身上体现出来，在家猫身上也有印证。

我希望以上两个例子能让你们有所体悟。

让我们将作文这件使某些同学感到为难的事，也变成增长能力的事吧！

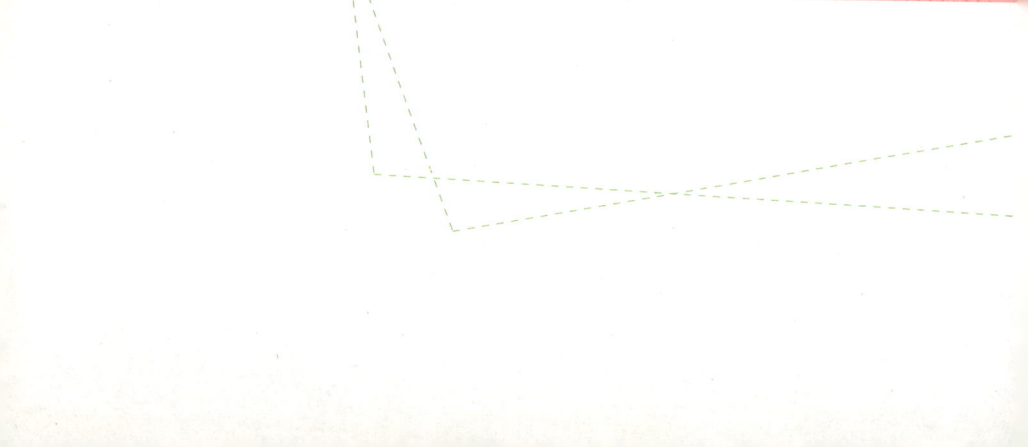

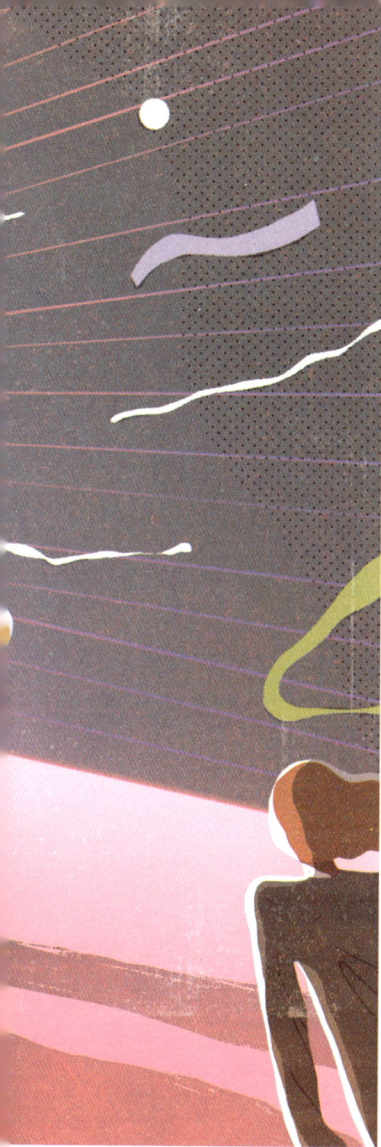

第二章

想写好作文
就不能重理轻文

家长重理轻文的态度直接影响学生对作文的好恶，所以重视作文应该从家长做起。教育的目的是让学生的大脑得到均衡的开发。偏好理科的学生不一定智商高，相反，轻文可能使他们长大后变成"半脑人"。

理科好更有出息？

据我所知，重理轻文的情况确实存在。如果说在小学里数学和语文两门课程受到学生、老师和家长的同等重视的话，那么在许多中学里，重理轻文的现象就司空见惯了。

中学里为什么会有这种倾向呢？

中国的就业现状以及各行业收入状况是导致家长们重理轻文最主要的原因。家长们认为，理工专业毕业的大学生，就业面似乎更宽一些，文凭的含金量似乎更高一些，只要工作能力突出，升职也会更快一些。

家长们重理轻文的意识会影响甚至决定儿女们的学习价值观。

事情往往是这样：如果谁家儿女去国外留学，别人问起学的什么专业时，若回答是信息工程专业、核物理专业、生物化学专业、机械仿生专业之类的，问的人往往就会露出钦佩的样

家长重理轻文会影响孩子们的学习价值观。

子，说些"你家孩子真有出息"之类的称赞话。称赞了对方的孩子，也等于称赞了对方本人。而对方如果回答自己的儿女学的是什么和"文"字连在一起的专业，比如文学、文艺理论、比较文学等等，那么问的人或者嗯嗯啊啊地再不问什么了，或者言不由衷地说："也好，也好，只要孩子愿意，学什么还不都一样！"

他们说"也好"，其实就是"那有什么值得学的呢"这么一种意思。

他们说"学什么还不都一样"，意思是虽然同样是留学，都将会拥有洋文凭，但学的是什么可太不一样了！

家长们的这种看法，基本上也是中学老师们的看法。只不过他们身为老师，你们又是中学生，他们在你们面前很少流露而已。

但敏感的中学生往往是会有所觉察的。

比如两名学生，一名数理化成绩一向很好，但语文成绩一般，特别是作文成绩，最好的时候也只不过比及格高几分的话，老师对他的欣赏并不会因为该生的语文成绩一般受多大影响。他们看待该生的眼光，必是看待高才生、"尖子生"的眼光，谈到他时，也必是些"将来会有大出息"类的话语。至于其语文成绩，尤其是作文成绩，他们往往会私下里对该生及该生的家长说："就那样吧。能提高点儿固然好；要是不能提高了，只要确保升高中、升大学时别丢太多的分就行，反正这孩

一些老师在无意中也表现出重理轻文的想法。

子又不打算考文科专业，是不是？"

于是，那名学生及其家长心领神会，语文这门课在那名学生内心里，就被排在了虽不可干脆放弃却也不值得怎么认真学的地位。鉴于这名学生的"特殊情况"，连语文老师也有几分"特殊情况特殊对待"了。他们在总结语文考试的问题以及点评作文时，往往颇不照顾那些数理化成绩平平的学生的自尊心，而对那名数理化"尖子生"出言温和，点到为止。

有的老师甚至会恨铁不成钢地说："以下同学千万要注意了啊！你们如果连篇像样的作文都写不出来，考高中、考大学时可怎么办啊！你们是不能拿自己的作文成绩与那些数理化成绩好的同学的作文成绩相比的，你们自己应该非常明白这一点！"

于是，"以下同学"垂下了头。

而如果一名同学语文综合成绩一向在班里名列前茅，但数理化成绩平平甚至平而不稳的话，除了语文老师能够欣赏他，别的老师几乎都会将其视为"堪忧"学生的。

老师们谈论起这样的学生，往往会遗憾地摇头道："唉，可惜小学时底子打偏了。"言外之意似乎是，"偏"也并不怎么遗憾，遗憾的是没"偏"向数理化。

包括语文老师在内的几乎全体中学老师，对一名数理化"尖子生"种种另眼相看的态度，很少会等量齐观地落在语文"尖子生"身上。

对"偏科"的潜态度

在许多中学里，偏数理化的学生一般不会被视为"偏科"，而会被说成是"不够全面"。

而偏语文的学生，就不是全面不全面的问题了，而直接就是"偏科"了。

这种"潜态度"当然会影响到学生们以及家长们。

那位开洗衣店的阿姨因为儿子写不好作文急哭了，证明她还是很重视语文的，像她那么重视的家长并不多。

我曾经在超市无意中听到两位母亲聊到她们儿女的学习情况。

甲问："你孩子成绩怎么样？"

乙答："数理化都还行，就是作文太差，一到写作文的时候就抓耳挠腮的，我看着都着急！如果我会写，干脆替他写了！"她是笑着说的。分明，她对于儿子"就是作文太差"这一点并不太在乎。既然"数理化都还行"，又有什么可在乎的呢？她在乎的只不过是儿子的为难模样，并且是既心疼又觉得好笑的那种在乎。

甲说："我那个也那样儿！甭担心，数理化还行就行！男孩子作文写得不好没什么关系，别要求太高了，嘱咐儿子考试时给咱们对付个及格，我这当妈的就心满意足了！"她也是笑着说的，说得轻松乐观。

正是，"当今多少作文事，都付家长笑谈中"。

而数理化三科中，老师和家长格外重视的又是数学。因为数学好的学生，物理、化学也差不到哪儿去。

倘若一名上了初中的学生数学成绩不佳，至初二依然没有改观，那简直不得了啦，问题严重了！

我多次听到中学生父母对数学成绩不佳的孩子严加训斥，却很少听说中学生父母为孩子写不好作文而加以指责。

我还听说过脾气暴躁的父亲对连续几次数学没考好的儿子大打出手，却一次也没听说过哪位父亲因儿子连一篇作文都写不好而焦虑得暴躁起来——只要数学成绩够好，作文成绩不理想似乎不是个严重的问题。

当下之中国，面向初中生、高中生的各类"加强班""提高班""补习班"数不胜数。数理化以及英语的辅导班火得不得了，每每报不上名。相比之下，语文辅导班，尤其作文辅导班，就不那么受追捧了。

凡此种种现象，导致在初中和高中形成这么一种不正常的"共识"：如果一名学生数学成绩一向"拔尖"，那么证明其"智商高"；如果英语成绩一向"拔尖"，那么证明其"记忆力超强"；如果物理、化学成绩不错，那么证明其有"科学头脑"；如果每一篇作文都能写得挺好呢，说法往往变成了这样："啊，他呀，作文还行吧。人嘛，各有所爱。但是考高中、考大学时，仅靠作文好才能占多大优势啊……"

重视作文应该从家长做起。

被轻视的中文能力

我认为以上"观点"——姑且以观点论吧，是非常不正确的。武断地认为一名中学生能否写好一篇作文无关紧要是不正确的，认为一名中学生数学成绩"拔尖"就是"智商高"也是不正确的，中学校园里弥漫着的"记忆力"崇拜更是不正确的。"不正确"是轻描淡写的说法，严肃的说法应该是：那都是危害极大的观点。这些偏激的观点既影响中学生智力全面发展，也有损初中、高中正确的教学理念。再说重一点，这将会影响我们中国下几代人的品质，将会使中国之下几代人在人种方面发生异化，由而退化。这并非危言耸听。

实际上不少大学老师都有这么一种感觉：大学新生的考分一年比一年高，实际知识接受能力和知识应用能力却一年比一年差。因而大学里多年前就有了"高考分，低智能"的"教师惊诧论"。所谓"低智能"现象之一，是文字说明、陈述、表达能力的普遍降低。不但理工专业的学生存在这种现象，就连中文系本科生的文字能力也有明显下降趋势。

学生中文应用能力的提升，任重而道远。其任重，不仅重在大学，也重在高中，并且还应重在初中和小学。

前几天，我与一位大学中文系的同行会面，不久便谈到了两校的中文教学情况。

他忧虑地说："上一学期我那一班新生的考试，我把学生

上学期间作文基础不牢，长大后要成为中文专业人才很困难。

的分数判得都很低。与以往相比，平均低十几分。"说到这里，他问陪他来的一名研究生："你为老师做证，我是给分那么苛刻的老师吗？"

他的研究生摇头。

我问他为什么。

他说："我觉得我简直像在批中学生作文啊！他们竟还是以高分考进来的。"

我说："也许你那一班的新生里，调剂的学生比较多吧？"

他说："这倒也是实际情况。他们中有人报的是理工专业，有人报的是英语或其他语种的专业，还有人报的是经济系或者管理系。但不论是不是调剂的学生，总上过三年高中吧？怎么说写作能力也应该达到高中水平吧？和初中生的作文水平差不多，还不能把他们和初中里作文写得好的学生相比。这样的中文系学生，让大学老师怎么教得好呢？四年后即使拿到了毕业证，又怎么能顺利地靠中文能力参加工作呢？"

我一时无话可说。

倘若一名中学生除了语文学得不好、一篇较好的作文写不出来，数理化的成绩却一向优异，这样的学生是不是也等于"偏科"呢？

我的回答是：当然！

表面看起来，四门主科中，他的三门成绩一向优异，只有一门不见进步，似乎是三比一的关系。而实际上，以人脑功能发展的状况而论，是一半对一半的关系。也就是说，一名偏理不好文的学生，只不过是一个理性脑区功能日渐发达，感性脑区功能萎缩的人而已。而这种结果，严重影响了一个人的全面发展。

教育的目的是让学生的大脑均衡地发展。

"半脑人"的智商

欧美国家，尤其是美国的教育界人士，早在三十年前就敏感地关注到了这一问题。那时他们的国家正处于新兴工业和高科技产业迅猛发展的年代，社会对科技人才的需求如饥似渴，于是大学匆匆忙忙地"赶造"科技学子，一批批"半脑人"便出现了。

当时的美国社会学者们惊呼："难道美国人开始变种了吗？"

加强文科"通识"教育是培养完整人才的必由之路。

他们不无担忧地提出告诫："大学不应向社会输送'纸板科技人'，而应为国家培养'完全'的人才。"

"半脑人"当然不是"完全"的人，尽管他们的身体是完整的。

各大公司后来有意为自己在硅谷的总部基地招聘一定比例的文科人才或文理兼优的复合型人才，以对冲先前由"半脑人"

造成的毫无文化气氛可言的"硅谷社会"。

他国之教育的失误，应成为我国教育深度自省、实行矫正的镜子。

"中学纪"学生、家长及某些老师的重理轻文观念，导致中学生们的学习意识被错误的学习价值观主宰。

只有数学好才是"智商高"的观念，使许多学生认为学好数学才真是为自己学，实际上却是堕入了为自尊心而学习的虚荣学习陷阱。这一点在男生中尤甚。他们从不会因为连一篇较好的作文都写不出来而感到惭愧，但如果数学成绩落于人后则会觉得特没面子。

这一点也同样使大多数女生的自尊心面临考验。我们必须得承认男女有别，相较而言，女性是"感性人类"，男性理性脑区的功能潜力略胜一筹。在高中分文理班时，大多数女生便只能被分在文科班了。尽管关注教育现象的有识之士对分班批评不止，但分班在"高中纪"仍悄然进行。特别是在重点中学、大受家长及学生们青睐的私立中学，分文理班更是理所当然的事。文科班的女生一般不太会与理科班的男生暗比智商，却往往会在理科班的女生面前有种难以言说的挫败感，仿佛分在文科班已经证明了她们的智商低于理科班女生似的。于是不甘心的她们转而在英语方面下功夫，死记硬背，奋发图强，有时简直带股子"愤"发图强的劲头。既然智商已被证明"低人一等"，那就通过英语证明自己的记忆力超强吧！而她们中

数学、英语成绩好，并不代表智商高。

不少人，后来成了大学里的中文系学子。

于是，事情似乎成了这样：学好数学是为自己学的，那与证明自己的智商怎样有关，也与自己的自尊心有关；学好英语也是为自己学的，那与证明自己的记忆力如何有关，同样与自己的自尊心有关。至于作文，除了能证明自己是一个"有情调"的人，再不能证明什么了。是的，在"中学纪"，特别是在女生们那儿，作文似乎仅仅是一件抒发情调的事罢了。

于是，大学里，不但"纸板式"的理工学子多起来，连中文系的"英语族"女生也多起来。她们身在曹营心在汉，应付性地学中文，下苦功夫学英语，过了四级，还想要过六级。四年读下来，她们的中文能力往往仍停留在初中、高中水平。口头讨论是可以的，写篇"酷评"也能行，但若真要求她们写篇够标准的文章，却等于是在难为她们了。

亲爱的中学生们，既然已在谈智商，那就索性让我们来比较一下，看看究竟是数学"半脑人"的智商高，还是作文"半脑人"的智商高。请大家注意，我这里一碗水端平，没偏没向，两者都是以"半脑人"视之——如果两类学生都是"偏科生"的话。

数学与作文的比较

解一道较有难度的数学题，肯定要应用到一些数学公式。这也是检验大脑的记忆功能。公式好比解开数学题的钥匙。有时，一道数学题须用几把钥匙才能解开，忘了哪一个公式都无法解下去。应用公式的能力更加重要，好比几把钥匙的使用是有先后的，顺序错了，也会一筹莫展。总之，解数学题需要每一步骤都计算缜密，哪一步出了一点儿错，解题就会一路错下去，前功尽弃。

数学是一门严谨的学科。

因而我们不得不承认，解一道较有难度的数学题，确实需要充分发挥智力潜能，也确实是较高智商的体现。

那么，写出一篇较好的作文呢？

首先，作文分为纪实类的、虚构类的，又分叙事的、议论的、写景的、写人的等等。

这是与数学不同的。

数学学科内部也有详细的分类，大部分数学题都须按前边所言的过程求解。数学规律基本上可以说是"放之四海而皆准"的规律，并且这些定律和定义可以说是绝对正确的，还具有唯一性。

数学的唯一性限制了学生在求解过程中个性的发挥。

有个性的人一碰到数学，其个性只有举手投降的份儿。

而作文是强调并鼓励学生充分施展个性的。中学生作文尤

作文可以很好地展示中学生的个性。

其需要体现个性。没有个性，作文就成了千篇一律的"东西"。作文千篇一律，就没有了非写不可的必要。那样的作文不但本身没什么意义，写的过程也枯燥乏味。那样的作文，不是人的感性脑区积极进行工作的"产品"，也就与"智商"二字不沾边。对于小学生而言，作文千篇一律往往是难以避免的。但对于初中生、高中生而言，写出的作文千篇一律就意味着教与学双方面的失败。

文字优于数字之处

字与词不同于数字与数学公式。后者不具有温度，也不会引发联想；而前者，特别是汉字中的许多字词，人就是没应用它们，只默默看着它们，它们各自不同的含义也会刺激人的感性脑区，并映射到人的心灵之中。而一旦应用它们了，人的主观表达愿望就与它们水乳交融了。就像"庄周梦蝶"那样，不必分清究竟是庄周化蝶还是蝶化庄周，人笔下写出了某些带有风格和技巧的文字，那些文字便被视为"某人的文笔"了。

文学自从成为"文"之"学"（即学科或领域）后，文学评论家便应运而生。

中学生作文可视作初级的文学。

中学生只有按这样的标准来要求自己，完成一篇作文的过程才算得上是高级的"心智活动"。是的，那种过程绝不仅仅是脑区的智力活动，更应该说是心灵的表达活动。

基于此点，我认为，如果说数理化专业培养的是专门人才，那么语文培养的便是优秀之人。而语文培养优秀之人的方式，自中学始，主要是作文。

世界上没有几个人会默默看着某个数字热泪盈眶。

但世界上许多人都有过这样的经历——眼望着某几个字或某几个词，忽然情感大动，潸然泪下。

比如父、母、子、女、亲、爱、生、死这样一些寻常的字，在特定的情况下，都会使人仅仅看着就浮想联翩。

世界上很少有人会将某个数学公式用大大的字抄下来，以供精神共鸣。

但几乎每一个受过初中以上文化教育的人，其精神都不止一次，甚至终生与某些格言或诗句结下不解之缘，并把这些格言或诗句当成自己的座右铭。

小数点标在代表钱财的数字后边时或能使人怦然心动，通常情况下，大多数人对它们是无动于衷的（不包括某些数学家在内）。

而"？""！""……""？！""——"这些标点符号，有时却足以使人产生复杂的情感波动（包括数学家在内）。

世界上大多数的数学题的解法步骤是不变的，稍变反而就

作文比数学更"人性化"。

感性思维和理性思维可以同时发展。

解不下去了。

即使一个班的中学生以同一题目来作文，开头、结尾和段落的组成都是不一样的，互相抄袭的情况除外。

世界上许多数学题只有一种解法，最多也就几种解法，正确的结果大都只有一个。而一道作文题，却可以像旋转魔方那样具有各式各样的写法，各式各样的写法导向各式各样的结尾。那各式各样的开头、各式各样的写法、各式各样的结尾，都体现了写作者关于社会、人生乃至世界各式各样的思想、感情、观点和态度。

前一阶段，作为"国家图书馆文津图书奖"评委，我对百余种推荐图书进行了筛选。算来，我担任此奖评委已数届了。有一种现象每每引起我的思考：在科普类图书中，不论是面对青少年的还是面对成人的，每届都有引人入胜的好书。那些书将极专业的科学知识写得深入浅出，信手拈来的比喻花朵般散布于字里行间，使我这样的小说家也不禁对作者的智慧感到佩服，甚至自愧不如。幽默、优美的文笔证明了作者们一流的文字表现能力。而那样一些好书，却并非是小说家、散文家们写的，而是物理学家、化学家、天体学家、动植物学家、微生物学家们写的。他们中有些人在其从事的科学领域大名鼎鼎，还有人是诺贝尔奖得主。只不过这些书的作者大都是外国科学家。作为科学家，他们竟然有那么好的文字表现能力，使人无法不心生双重的敬意。我认为，这一点既证明了他们个人智力超群，也证明了他们所在的国家教育的成功。在教育的理念和实践中，不论重理轻文还是重文轻理，都难以产生感性思维和理性思维皆超于常人的科学家。

若一个国家处于工业和科技迅猛发展的时期，这个国家的教育必然会有重理轻文的倾向。

但这种必然并不正确，当然也就不应该被广泛认同。

有些必然的事其实往往是不自然的。

"半脑人"越来越多，不论从社会发展的角度还是个人发展的角度来说，皆非自然。

而中国教育的现状，恰恰处于这种"不自然"的"必然阶段"。

亲爱的同学们，要扭转这一现状，既要靠老师们共同努力，也要靠你们共同努力，还要靠家长们扭转寄托在孩子身上的学习价值观。

作为"国家图书馆文津图书奖"评委，我总是热切地想从好的科普图书中发现我们中国科学家的名字，但至今也没有找到几位。我不得不坦率地说，我所接触的科技工作者，十之七八还没成"家"呢，便已分明地是"科技半脑人"了。

我认为，科学家即使成"家"了，但若同时成了"科技半脑人"，那也是令人遗憾的，比是"科盲"的文字工作者的遗憾大多了。

科学的发展和繁荣需要理性，也需要感性。

文字表现力的重要性

从世界的发展趋势来看，得心应手的文字表现能力，将越来越成为对一个"完全的"现代人的普遍要求。而较高的科学知识水平，却很难成为对一个"完全的"现代人的普遍要求。

所以，科学家们著书立说（不是指他们的学术专著，而是指他们所写的科普图书），对于广大的追随者、整个国家乃至整个世界来说，其贡献和他们的科学成就是一样大的。

在我的记忆中，有一位中国科学家的文字表现力给我留下了深刻的印象。我没有和他本人见面的幸运，因为我们俩的年龄相差太大了，当他已是"家"时，我还是孩子。确切地说，他是一位植物学家，是中国第一座植物园的创始人，叫胡先骕。

我闲读近代史书籍时，偶然看到，他在五四新文化运动时期，竟以植物学家的身份参与了白话文与文言文、白话诗与文言诗孰是孰非的大辩论。他一再公开发表文章与白话诗的倡导者胡适论战。胡适当年是何等人物啊，而且白话文的潮流又是那么势不可当！他却偏偏还要以文言发表他的论战文。撇开其立场不论，这足可证明他作为植物学家，其文言表现能力是获得公认的。于是我记住了他的名字。后来，又偶然从书中读到，中华人民共和国成立以后，他曾在《人民日报》发表过近百行的文言长诗。再后来，我参观某植物园时，惊喜地获得了一份关于他的生平简介及诗词、文章合辑成的小册子——电脑打印、非正式出版的那一种，薄薄的。他的诗词及文章，果然辞藻绮丽，文采飞扬。特别令我敬佩的是，其文章虽属"论战"性质，文风却儒雅平和，毫无戾气，更无霸气，丝毫也不显攻击性。真个是从容偶傥，理性风流。

我想，这样一位植物学家（他是中国植物分类学的奠基人），倘若当年他用他的笔，为中国的少年儿童和青年写几本介绍植物知识和植物王国趣事或者世界各国植物学家生平故事的书的话，那对于我们后人该是多么有益啊！

遗憾的是，据我所知，他没留下过那样的书。又据我所知，他虽有过那样的想法，然而人生多舛，意愿东流。

从那时至今，我总在想，半个多世纪的中国现代科学史上，怎么再也不出胡先骕那等人物了呢？想罢，便替中国感到几分忧伤。

可喜的是，近年的图书市场上也出现了好气象：一些年轻人写出了或编出了一些品质不错的科普图书，但仅适于小学生和中学生阅读，若让高中生和大学生阅读，内容就有些浅了。

暂且不论那些书怎样，单说编写那类书的年轻人，大都是七〇后、八〇后的大学生或硕士研究生，既有学文的，也有学理的。由此可见，他们都不是"半脑人"。学文的，并非"科盲"；学理的，文字能力也挺不错。

亲爱的同学们，你们大概也了解，当今大学生的就业压力还是不小的，将来你们也许同样会面对这样的现实。而"半

> 严谨的科学也需要生动地表达

> 认真写好作文，不做"半脑人"。

脑人"大学生的就业前景肯定更是不容乐观的。

所以，我郑重地提醒你们，在你们的"初中纪"万勿不顾长远发展地成为"偏科生"。"初中纪"的"偏科生"大多数会成为"高中纪"的"半脑生"。这样的高中生升入大学后，老师们若想要激活他们麻痹的另一半大脑，谈何容易！经常是爱莫能助，徒唤奈何而已。几年后，老师们也就只能眼睁睁地看着一个个，甚或是一批批"大学纪"的"半脑生"迈出校门，走向社会，加入中国的"半脑人"大军。

文理有性别？

亲爱的同学们，你们中的一些人，尤其是一些男生，轻视作文远远多于轻视数学，也可以这样说，真正轻视数学的男生少之又少。

而轻视作文是男生中较普遍的现象。据我了解，很多男生认为作文"能对付着及格就行"。而这也几乎是他们家长的态度。这种态度最终影响到了语文老师，成了老师们不得已接受的现实。

于是，情况成了这样：数学成绩是越高越好，因为那是衡量智商高低的"真标准"，作文成绩说得过去就行，因为它与智力似乎无关，只不过是关于智商的可有可无的"间接证明"。

更有一种奇怪的说法：数学成绩高低证明智商的高低，作文能力高低只不过表明所谓的"情商"的高低。而对于学生，智商高才是硬道理，"情商"是为智商服务的。"情商"搭台，"智商"打擂。"情商"是"花拳绣腿"，而"智商"才是真功夫，是"如来神掌"之类的制胜绝招。

据我了解，以上奇谈怪论在一些中学校园里流传甚广，几乎成了主流学习价值观，成了部分男生们的金科玉律。仿佛写出一篇好作文是大男生们不稀罕争取的事，那是"小女生"们才孜孜以求的看家能耐。在意作文能力的男生，会在其他男生眼里显得有些"女气"。

曾几何时，人类伟大的、潜质丰富的感性脑区能力，在中国中学男生的学习价值谱系中，竟成了无甚关系、不必付出心力追求的区区小事。

我这一长长的章节不仅是说明道理，说服大家转变态度，实际上也是在批判，意在警醒。

若不对以上奇谈怪论进行批判，我的良苦用心很可能沦为一厢情愿的唠叨。

作文能力没有性别之分，是每个中学生都应该具备的能力。

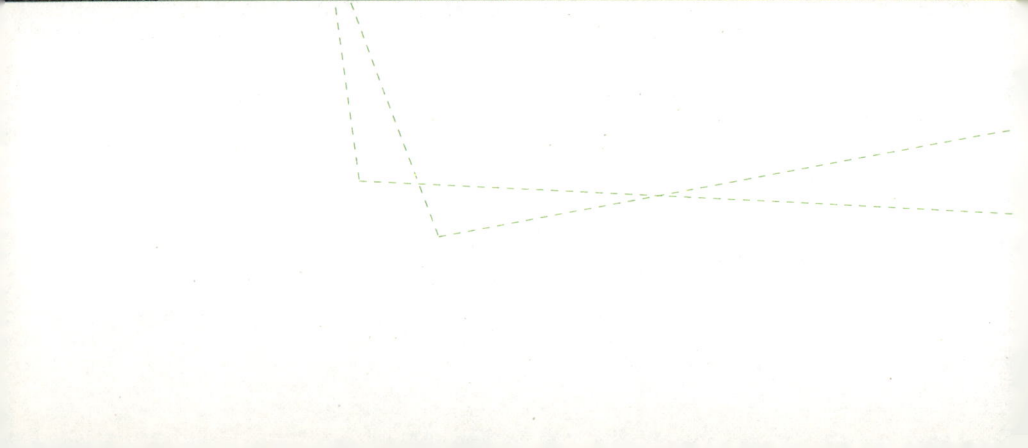

第三章

合理上网，
多读好书

网络是一把双刃剑，有对中学生有利的一面，也有对中学生不利的一面，哪一面发挥作用，主要取决于中学生的个人意志。中学生应理性上网，不做网络"哄客"，远离"网络暴力"。网络阅读不同于书本阅读，中学生在阅读时会受到许多干扰，因此更应该偏重书本阅读。

网络的正能量与负能量

声明在先：我虽不上网，但从不贬低网络作为具有强大影响力的新型社会公器的正面意义。网络改变世界已成为不争的事实。

我认为，迄今为止，网络带给中国社会的正能量超过其负能量。

联合国重新定义"文盲"的三条标准乃是：

第一类，不能读书识字的人，即传统意义上的"老文盲"；

第二类，不能识别现代社会符号（这种符号在国外甚多，而且隔几年产生一批新的，比如 GDP 等）的人；

第三类，不能使用计算机进行学习、交流和管理的人。

网络改变世界，当然也改变人类；网络有正能量，当然也有负能量。

网络之正能量使世界变成更便捷于人类的世界，使人类变

网络是一种利弊兼有的工具。

成更能掌控世界的人类。

网络之负能量使世界变成对于人类更不安全的世界，使人类变成患有"高科技成果依赖症"的人类。

没有网络，自然没有"黑客攻击"，也就没有各个国家都极重视的国家网络安全问题，各个国家也就不必培训什么网络特种军团，网络战争也就成为假想的战争。

有一点是肯定的：在不久的将来，"网络恐怖主义"必然会成为一个使用频率较高的新词。

网络的另外一些负能量，也会干扰每个人的正常生活：人们的各种身份代码被轻而易举地盗取；人们的私生活空间被侵入；五花八门的陷阱防不胜防，人们的财产被骗取；污秽不堪的图文内容极尽可能地吸引人们的眼球，以达到聚拢点击率、套牢广告收益之目的；各式各样的信息铺天盖地，浪费人们的时间，还有使部分人乐此不疲的垃圾信息等等，不一而足。

亲爱的同学们，你们都承认这样一个事实——人类是有先天缺点的。优秀者的优点主要靠后天培养，在不断克服先天缺点的过程中形成。而人类先天的缺点也是具有能量的，有时其能量还挺强大，这些缺点与我们想要克服它们的意志以及想要取代它们的积极态度对抗、决斗，并且不少情况之下，获胜的一方居然是它们。

人被先天具有的、后天没有克服的缺点打败，往往只不过是几天、几小时、几分钟甚至几秒钟之内的事，而我们靠后天

网络使用者的个人意志决定网络的利弊。

养成并为我们所恪守的做人原则，却需要相当长的时间累积，实行起来也不那么容易。

一个人与网络的关系之真相乃是：如果一个人自身优点的能量强大一些，其优点的能量就会与网络的正能量双玉合璧，于是网络使强者添翼、更强，使优者借力、更优。

反之，如果人自身缺点的能量强大一些，其缺点的能量就容易与网络的负能量沆瀣一气，结成恶劣联盟。这种情况下，人会被网络的负能量一步步绑架，进而陷于泥淖难以自拔。

中学这一成长阶段，不但是身体的成长阶段，也是心智的成长阶段。"智"不去说它，指哪些方面你们都明白。"心"则指一切与人性相关的方面，包括品质、思想情操、心性修养等。

你们所处的"中学纪"，正是优点逐渐形成的阶段，也是某些缺点容易凸显的阶段。在这个阶段里，优点和缺点经常在你们身上发生冲突、对决。

在"中学纪"中，同学们要努力增强优点、克服缺点。

网络"大卖场"

网络世界好比一个大卖场，一个世界上顶顶大的大卖场，一个任何国家都监管不到位，乏经验可谈的大卖场。其中名牌与假货、对人身心有益的东西与危害人身心健康的东西混杂堆放，令人眼花缭乱。

一名中学生进入这样的大卖场，无非四种目的：

一、网上购物。网上购物确实方便，价格也便宜。但中学生并非消费主体，家庭日常所需主要由爸爸妈妈来买。所以，出于购物目的而经常上网的中学生想来不会太多。一名中学生若形成了"网购癖"，可以肯定地说，他或她又多了一个缺点！比之于成年人，此缺点对中学生来说更为严重。

二、利用某些网站上的工具书和知识库，辅助学习、增长知识，使自己能够熟练应用电脑解决学习中的疑难问题。但中学生作业量已经很大，每天光是要完成作业就需要花费许多工夫，空闲时间非常有限，出于此种目的经常上网的中学生想来也是不多的。而且，中学生作业中并没有多少疑难问题，即使有，同学间打电话讨论一番，请教父母和老师，多数都能解决。除了数学题和作文，你们的大部分作业都是需要反复抄写、背诵、记忆的。网络虽然看起来万能，却不能替中学生抄写、背诵和记忆，连帮助也谈不上。

三、网络阅读。阅读好书与写好作文直接相关。图书在手，认真读之，是谓阅读。鼠标在握，点击某书，认真读之，当然也是阅读。两种阅读都是阅读，我没理由非说哪种阅读好，哪种阅读不好。网络阅读的好处是便宜且便捷。阅读网上的图书有时只需花很少的费用，有时一分钱也不必花。据我所知，免费阅读的好日子快结束了，尽管如此，付费的网络阅读也比买

网络确实能提供信息、辅助学习。

纸质书花钱少得多啦。

然而，如我前边所言，网络更像是大卖场，而不是传统意义上的图书馆、阅览室。图书馆、阅览室是多么安静的场所，若有人说话，声音稍大一点儿，就会立刻受到管理员的制止。不听制止者，可能会被逐出。一本好书在手，又恰有时间读几页的话，我们通常希望置身于像图书馆那么安静的地方。当然，这处安静的阅读之所也可以是家中的某一个房间，也可以是户外的什么地方。尽管现在许多城市已变得十分喧嚣，但安静的地方总还是能够找到的。

网络阅读却不同，鼠标在手，只要手指轻轻点几下鼠标，自己面对的将不再是一行行纸质印刷文字，而会是电影、电视剧、小品、相声、魔术、演唱会、舞蹈比赛、戏剧、各种各样滑稽的恶搞、令人眼花缭乱的图片、长长短短的音频和视频片段……想看正经的，有；想看无聊的，有；想看恐怖的，有；想看刺激的，有；想看庸俗的，也有！而且每一方面的内容，都有众多看客。看客中有喝彩的，也有喝倒彩的。喝彩与喝倒彩的人意见不合，又很有可能相互攻击、辱骂……在从前的戏园子和现在的剧院里，这些过激的行为都是被禁止的。但在网上，却每是常态。从这个角度来说，网络又更像是大卖场与大广场的结合，其空间仿佛无限之大。在现实中，如果要从一家商场的货架前转身去一座剧院看杂耍儿，也许要走很远的路。但在网络世界中，你只需轻点鼠标，几秒钟后杂耍儿就呈现在

不同于传统阅读，网络阅读受许多因素干扰。

你眼前了，比穿越还快。

那么，情况往往是这样的：一名中学生，就算怀着极端正的态度、极纯粹的动机，确实想通过网络来读一本好书（网上也不乏好书），而寻找那本好书时，眼球肯定已被各种光怪陆离的标题吸引过；即使他已在读书了，某些乱七八糟的广告和信息还是会不时出现，对他的阅读造成干扰和破坏。而那种干扰和破坏，在图书馆和阅览室里是绝对不会发生的，也是手持书卷在家中阅读或在户外某处安静的地方阅读时很少发生的。

我与我的一名研究生曾有过如下对话：

"眼睛怎么肿了？"

"昨晚熬夜了。"

"为什么？"

"为了写论文，在网上查资料。"

"老师不信你如此用功。"

"起先确实是在查资料，没多会儿就想浏览一下别的了，一游逛就下不来了。"

"收获呢？"

"也谈不上收获，看了几场口水仗，跟了些帖子而已。"——惭愧地笑。

正是：始定之，终乱之。

答辩在即，一名原本一心想要上网查资料的研究生，最终竟熬着夜成了几场口水仗的看客！

亲爱的同学们，我不禁要问：你们中学生网络阅读的定力，能否比研究生们高许多？我的研究生身负论文答辩的压力，尚且那么难以自持，你们若并非面临考试，八成也会和我的研究生一样——始定之，终乱之。

所以，假使一名经常泡在网上的中学生对我说，他经常在网上进行有益的阅读，而且还是为了提高作文能力。这样的话，我是不太信的。

四、上网玩游戏，或无目的性地瞎看，减减压，放松放松。依我想来，喜欢上网的中学生，出于此种念头者居多。如果他们老老实实地承认此种想法，我是很能理解的。并且，只要不变成"网瘾者"，我是绝不反对的。

中学生都是半大孩子。谁都是从半大孩子过来的，谁都知道半大孩子的好奇心最重。网上的热闹和八卦那么多，想要满足一下好奇心，同时减减压，放松放松，有什么不能理解的呢？又何必禁止呢？

不就是充当了几次网上看客吗？充当了几次就充当了几次呗！许多成年人还几乎成了职业性的网上看客了呢，与他们相比，中学生们不必太过自责。如果你还看了什么正义报道，那么你贡献了一次点击率，也等于使网上多了一点儿正义的和声。网上正义，也是需要千千万万的看客以点击的方式来支持的。

不就是还充当了几次网上"哄客"吗？充当了几次就充当了几次呗！许多成年人还乐此不疲呢，与他们相比，中学生们也不必感到羞耻。

当然喽，我想象得到，其实你们本就既不自责也不羞耻，你们对自己的宽容比他人对你们的宽容都要多。我这话倒并不是讽刺，而是坦诚的话。有时候，对自己宽容，也很重要。对自己的宽容要依情境处之。面对有违道德原则的事，在任何时候都是不该自己事先放纵自己，事后宽容自己的。在网络时代，不善于熟练应用电脑就等于现代文盲。一名中学生上网玩玩游戏，偶尔充当了看客，也充当过"哄客"——这类事儿，我以为，属于可以自我宽容的范围。

但是请注意，我用了"偶尔"一词。这是我的宽容态度的前提。我认为，也应是你们自我宽容态度的前提。

归根结底，学生应以学为主。中学生应以课堂听讲和作业学习为主。你们若在"中学纪"就成为"网瘾者"，结果肯定是对自己有害的。那些近乎职业的网上看客和"哄客"都是中学生要远离的群体。是的，千万别学他们。若你们在"中学纪"便不幸成了他们的"学徒"，以后的发展就会令父母担忧，自己发愁了。他们中的许多人大半辈子都没看过几本好书，以后的人生差不多也将与好书无缘。他们沦为网上的固定看客，大多是由于精神没有寄托，百无聊赖。与好书有亲密关系的人，才不会像他们那样沦为网上的固定看客。这些看客几乎变成了"网奴"，将自己的精神无偿地交付给了网络这一"屏幕世界"。他们很可悲，尽管看起来很充实。网络绝不能使一名固定的看客获得精神上的充实，正如明星不可能使其"粉丝"获得什么现实生活中真实的成就感一样。

不做"网络暴民"

我认为，同看客相比，固定性甚至职业性的"哄客"与网络的负能量粘连得更紧密，自身缺点的负能量更易释放。倘自己浑然不觉，丧失了主动性，其缺点必将在网络的刺激下变为劣点、恶点。

我从某地方电视台的新闻节目里看到，深圳某中学的十几名男生，在车辆川流不息的大马路上追逐另外两名男生，随之将后者击倒在地，群殴之。倘若被殴的两名男生轧于车轮下，后果将多么严重！更令人难以容忍的是，他们不但拳打脚踢，竟还用砖拍打那两名男生的头部，致使他们住进了医院。

所为何由呢？只不过是打人者中的一个与同校的某个男生有小过节，因此怀恨在心。而两名被打的男生，与那个男生点头说过话，打人者便疑其为"同伙"。

真是打人者打得不分青红皂白，挨打者被打得稀里糊涂。

那是一桩闹市街头的中学生暴力事件。

同样，对人进行"网上群殴"的暴力现象也层出不穷，统

不负责任的网络表达是一种暴力。

称为"网络暴力"。

固定的、接近职业性的"哄客"，很容易成为"网络暴民"。这些人每每在网上大吐污言秽语、侮辱威胁之词，曰"拍砖"。

亲爱的同学们，这些人由看客成为"哄客"，由"哄客"成为"网络暴民"，虽然目前还不至于获罪，但却肯定会使自身人性趋恶，进而尚恶。

"网络暴民"们有两个共性：其一是不问青红皂白，肆意用恶语伤他人而快哉。其二是过后明知错了，毫无忏悔，更不道歉，并因完全不必忏悔和道歉而快哉。

谁变成了这么一种人，就非常令别人嫌恶！

处在"中学纪"的你们，当明白网络负能量使人心理扭曲甚至变态的厉害后，应当时刻告诫自己，万勿成为网络负能量的俘虏和帮凶。

中学生应该理性上网，远离"网络暴力"。

我们的祖先，唯恐少年走歪路，常用"知未的，勿轻传"来对其进行品格教育。而我要说："知未的，勿妄言。"

"知未的"而"妄言"，已是令人难以接受的缺点。不仅"妄言"，而且暴力趋向昭然，委实是自甘品格下滑。

网上"知未的"而"妄言"进而恶语伤人的现象，亦呈"常态"。我真心希望你们远避此种不正常的"常态"，即使上网参与某个话题的讨论，也要尽量做到"知未的，勿妄言"。尤其是遇到与自己立场、态度相左的人时，万不可学"网络暴民"，对他人进行可鄙的攻击。

中学生也是学子啊！

学子是多么值得别人尊敬的人！

在古代，像你们这个年龄段的学子，不少人已经快成为秀才了。

现代的你们，也应有起码的学子风范。

你们可以给自己定下切实可行的规章，每星期上网几小时，只要不成瘾，玩游戏、看视频都无妨。

至于课外阅读，我还是坚持我的看法：中学生还是以一书在手的传统书本阅读方式为好。

手指轻轻翻过书页，如同爱抚膝上宠物，会使人与书之间产生相互通灵般的感受，这是网络阅读所不能带给人的感受。这种人类与书之间古老而温情的关系，对阅读者来说是一种纯朴的享受。

受课业负担的影响，你们在整个"中学纪"里读书的时间并不多，所以若有好书在手，一定要学会品味书本带给心灵的愉悦。此"纪"不享受，更待何时呢？

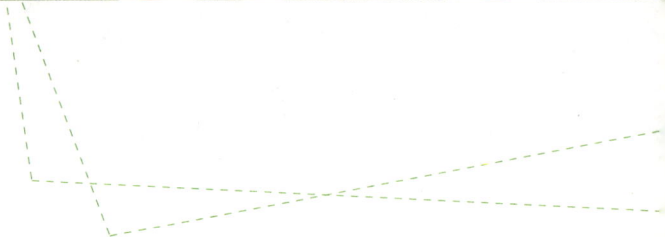

第四章

中学生作文的
意义叩问

中学生作文应该坚持正确的价值观。有"意义"叩问的作文才是具有内在价值的好作文。而作文的审美意义与作文的思想意义同等重要，情感可以看作是原生态的思想。好作文是真情实感的由"积"而"发"，不同的作文表达方式有不同的意义展现。

"有意思"与"有意义"

我在为小学生们写的关于怎样写好作文的小册子中，谈到过"有意思"和"有意义"之间的关系。对于小学生，我是不主张非用"有意义"来为难他们的。

小学生嘛，只要他们愿意写作文，不排斥写作文就好。排斥写作文的，我希望他们开始愿意写；愿意写的，我希望他们更加喜欢写。而要达到这种鼓励的目的，就要调动起他们对写作文这件事的兴趣。鼓励他们写各自觉得有意思的事，最容易调动起他们对写作文这件事的兴趣。

至于一篇好作文的意义，我认为可以在他们以后写作文时再考虑。

我对他们所言的"以后"是何时呢？

便是他们成为中学生的时候。

小学生作文，不必以"意义"为标准衡量其价值。但对于

好作文应该有"意义"叩问。

你们中学生，我则希望你们重视作文的"意义"。也许起初你们会对此反感，等你们耐着性子读完这一本专为中学生写的小册子后，我相信关于"意义"的叩问会成为你们写作文时的自觉叩问；而从"初中纪"升入"高中纪"以后，叩问"意义"将逐渐成为你们写作文时的条件反射。

那么，一篇好作文的"意义"究竟是什么呢？

这个问题不是三言两语就能回答清楚的。

世上的许多事物是可以被抽象为一个概念的，或者说可以由一个元素符号来代表，比如水、各种纯金属。但"意义"无法被抽象为一个概念。"意义"是非物质的，即使在高倍显微镜下观察，也难见其踪。

然而"意义"又的确存在。

如果说一篇好的中学生作文就是中学生写的好文章或创作的好的文学作品（我们应该这样来看，有的同学作文写不好，正是由于其从不认为自己的作文也是文章，也是文学作品），那么我们就可以说，一篇好文章是具有其"意义"的，一切好的文学作品都是具有其"意义"的，推而广之，一切文艺也都是具有其"意义"的。

"意义"是所有文艺创作的精神内涵和存在价值。

作文的主观意义

"意义"从大类上可以分为主观的和客观的两种。

源于主观的"意义"是指，写作者主观上秉持着相当明确的影响读者的目的或意图。目的或意图成为写作者完成一篇好文章、一部好作品的出发点和动力，甚至可能成为主导其一生写作的出发点和动力。这种目的或意图作为出发点，往往使人方向明确，令人始终如一、无怨无悔；而作为动力，又是那么持久，使人即使遭遇挫折也不言放弃，有不达目的誓不罢休的恒心。

鲁迅弃医从文，是因为他觉得，当时的当务之急不是医治病人身体上的疾病，而是救治国人的精神，唤醒民众的觉悟。于是，这种思想成为他所秉持的相当明确的意图，也成为主导他写作的出发点和动力。

我们读他的《药》《孔乙己》《祝福》《阿 Q 正传》等作品，不难感受到他想要影响我们的强烈意图。当我们有这种感受时，我们事实上已经被他的写作意图影响了。那么，他的意图实现了，他的作品的意义也完成了。他的写作意图文学性地融入了作品的字里行间，成为这些作品沉甸甸的意义元素。这种意义元素被读者接受、认同并引起思考之后，发散出更大、更广泛的积极的意义。

鲁迅又认为，当时国民的精神之所以不振、不争，甚至呈

鲁迅的作品蕴含了明确的意义和意图。

现病态，是为"王道文化"所愚，为封建制度压迫得太久所致。于是他又心生出"医国"的意图，将笔作为投枪和匕首，以斗士的姿态从文。于是我们便读到了《记念刘和珍君》《失掉的好地狱》等投枪、匕首式的杂文以及"万家墨面没蒿莱，敢有歌吟动地哀""横眉冷对千夫指，俯首甘为孺子牛"这样的诗句。

这种主观"意义"在古代的文章、诗词中比比皆是。《论语》《孟子》《道德经》等典籍中的好句子至今常常被我们引用，也是因为其蕴含着的意义亘古不变。

"苛政猛于虎""治大国若烹小鲜""国以民为本，民以食为天""国家兴亡，匹夫有责""先天下之忧而忧，后天下之乐而乐""安得广厦千万间，大庇天下寒士俱欢颜"等等，一代代人为什么会牢记这些话不忘呢？

向作文注入
"意义"，
可以提升作
文的价值。

因为其作为文章的意义元素，具有影响人们的经久不衰的意义价值。何时其意义价值完全丧失了，也就会逐渐被人们淡忘了。

人不能长久铭记没有意义价值的东西。或者说，人这种高级动物，具有一种寻找意义、发现意义、认同意义，并在大脑中收藏意义的天性。

这便是某些人写某些文章，一定要向文中注入意义元素，并文学性地提升意义价值的原因。这样写也是对读者的较高层面的敬意——好比赠送礼物，自然以赠送具有存留价值的那一种更好些。

作文的审美意义

亲爱的同学们，我以上举的例子，也许会使你们产生一种曲解："文章"的意义价值仅仅在于体现写作者（包括你们写作文的中学生）思想的元素，如果不是这样，便谈不上有什么意义元素。

我的意思并非如此。

"文"的意义元素，内涵是极其丰富的。正因丰富，恕我不能展开详谈。在我看来，与体现写作者思想意图同等重要，并越来越受到重视的，还有"文"的审美意义元素。

我认为，文章的审美意义价值一点儿也不低于其思想意义价值。

不论是思想意义元素还是审美意义元素，只要写作者头脑中有，写作时就必然注入文中，那是刀架在脖子上、枪口对着胸膛也阻止不了的一种冲动。

你们也一定记住了不少美的诗句，美的文学作品片段，一幅美的画或摄影作品。

我们为什么会记住这些美的事物呢？

因为人主观表现审美意义的意图，经由完成作品（包括作文）的过程，凝聚、提升为审美的价值。审美价值一旦存在于作品中，为作品所体现，便会像思想的意义元素一样，也被人寻找和发现意义的天赋灵性认同，并保留在记忆脑区中。

作文的审美意义与作文的思想意义同等重要。

我们虽然将思想意义元素和审美意义元素分开来进行说明，但两者之间的关系并非泾渭分明，而是你中有我，我中有你，相得益彰。

具有远见卓识的、精辟透彻的思想，从美学角度来评价，也是美的。

而美的诗句、美的文学作品（包括作文）片段，即使不直接反映写作者的思想，也往往是写作者的情感由心而笔的流淌。

情感的跨越纬度极大，从一己一时的纯粹个人的情绪，至心系众生疾苦乃至国家兴衰的情怀，都属于情感范畴。

情感可以看作是思想的背面，也可以说是原生态的思想。

如果说思想是盐，那么情感就是海水；如果说思想是蔗糖，那么情感就是甘蔗。

情感是原生态的思想，使文艺作品更贴近生活。

作文的客观意义

现在，让我们来讨论一下"文"的另一种意义元素，即前边所说的"客观"的意义元素。

每有这样的情况：好的文章或作品被评论者认为蕴含着某种思想或某种情感。之所以会被这样评论，证明其思想总还是有些新意，其情感总还是较为个性化的。不仅如此，那思想和那情感也得到了许多读者的接受和认同。

而写作者本人却往往会说："是那样的吗？没想到你们会那么认为呢。可我在写的过程中也没想过那么多呀！"

这也许是因为写作者不愿承认其意图。

还有一些时候，写作者说的是实话，他确实在写作的过程中没想过那么多。

我将后一种情况下的意义元素姑且说成是"客观"的意义元素。

比如《聊斋志异》中有一篇《义鼠》，极短，只有百余字，记录了一则他人所讲的奇事：

两只老鼠钻出洞，一只被蛇吞入腹中，另一只十分愤怒，却不敢向前。蛇填饱肚子，要进洞，身子刚进了一半，老鼠跑来，用力咬嚼蛇的尾巴。蛇发火，退出身子追老鼠，不得而回。等蛇再进洞时，老鼠又来了，如以前那般去咬嚼。蛇想进洞鼠就来，蛇出洞鼠就逃，如此反复了好长一段时间。蛇只好出来，在地上吐出死鼠。这只老鼠马上跑过来嗅嗅死鼠，"啾啾"悲鸣着好像在哀悼叹息，然后衔着死鼠离去了。

读过《聊斋志异》的同学知道，蒲松龄在大部分篇章故事后，都会以"异史氏曰"为发语，写一段"思想"的或"情感"的总结，就如你们的老师给课文总结"中心思想"。

而那一篇《义鼠》的篇尾，却并未附"异史氏曰"。蒲松龄没有道出他收录这则故事的意图，《义鼠》有没有意义元素呢？若有，又是什么呢？

有评论者认为，蒲松龄是想要通过《义鼠》，间接讽刺人间社会的无情无义，人不如鼠。

这真的是蒲松龄记录《义鼠》这则故事的主观意图吗？蒲松龄会不会仅仅是听人讲了那件事，甚觉其奇，于是记之呢？

这是别人没法知道的了，因为没有人在蒲氏活着的时候问过他，并留下访谈录。

但客观上，那只老鼠以弱小之身搏斗强大天敌的行为，确实是一种颇令人震撼的"义举"。

如果蒲氏所处的年代政通人和，大多数人知书达理、行仁仗义，那么《义鼠》这则故事也就只能感动一下读者罢了。但恰恰相反，那个年代到处是贪官污吏，道德滑坡，小人渐多，"义举"渐少。因此，《义鼠》似乎具有了讽刺与批判的意义元素。

因为我们确实无法断定蒲氏主观上究竟有没有那么一种讽刺与批判的意图，便也只能觉得客观上"似乎有"。

于是我们可以得出这样的结论：所谓"客观"上的意义元素，往往代表了读者的主观看法。因为相对于写作者这一主体，读者是客体。作品一旦完成，公之于世，情况往往就反过来了：作品与读者往往成为共同主体，作者往往被置于客体地位了。

又比如晏殊的《浣溪沙·一曲新词酒一杯》，因为其中有"无可奈何花落去"一句，也每被后来的评诗人解读出了触景

文学作品的客观意义通常在读者的解读中产生。

优秀的文学作品具有多元的客观意义元素。

伤情，叹息国运衰落的意义。

那是极具忧郁美感的一首情绪词，触景伤情的情绪非常明显。依我看来，仅凭此点，那也当得起是一首好词了。但一经强调其"叹息国运衰落"的主观意图，意义元素顿时被放大了。晏殊主观上究竟有没有这种意图，我们无从知道。

美国斯托夫人的《汤姆叔叔的小屋》是一部描绘黑奴惨痛经历的小说。作者虽是白种人，却同情黑奴，且亲昵地称其为"汤姆叔叔"。这部小说感动了许多人，引发了各种议论，包括对她很不敬的指责。

后来爆发了解放黑奴的南北战争。

林肯总统接见了斯托夫人。他说："也许你不曾想到，一位小妇人的一部小说，居然引起了一场内战。"

斯托夫人错愕不已。她随即礼貌地回答："这是我莫大的荣幸，总统先生。"

林肯有言在先，"也许你不曾想到"。我们据此可以判断，发动一场内战解放黑奴，未必是斯托夫人的主观意图。她说"这是我莫大的荣幸"，又是对既成事实的肯定。

再比如《红楼梦》，鲁迅已经说过，各类人士对它有各自不同的看法。但不论是谁的看法，所依据的肯定是《红楼梦》中客观存在的情节、细节及人物。

正是那些无法知道是否属于作者主观意图的客观存在，形成了作品多元的客观意义元素。

我手写我心

我之所以强调中学生要想写好一篇作文，一定要有"意义"意识，并从主观注入的意义元素和客观被认为具有的意义元素两个方面谈出我的看法，实在是希望你们明白：

虽然你们只不过是中学生，你们写的只不过是作文，通常不按作品的标准被要求和看待，但作文也罢，作品也罢，有一点是相同的：心中没有则笔下不可能真有，心中有多少则笔下有多少，心中以什么为主体则笔下以什么为主元素。

文章是骗不了读的人的。

"笔下不可能真有"，是指心中明明没有真情实感，笔下想要写出令人信服的发自内心的内容是不可能的。即使为要分数强迫自己写够了字数，也还是会言不由衷地在字里行间暴露写作时的虚情假意。

"心中有多少则笔下有多少"，是说"积"与"发"的关系。两种"多少"是水箱与水龙头的关系。水箱里蓄的水够多，水位够高，水龙头才会流出水来。水箱里的水少，水位达不到起码的水压，水龙头自然不会通畅地流出水来，只能一滴一滴地滴水。若水箱空空如也，那就是将龙头拧坏了也没法流出水来。

"心中以什么为主体则笔下以什么为主元素"，是指水箱里的水是怎样的，水龙头就必然流出怎样的水。又好比笔直或弯曲的树干，必然有笔直或弯曲的影子。直的曲不了，曲的直不了。举例来说，若一名中学生一向以自我为中心，倘别人不以他为中心，便每每受了奇耻大辱似的勃然大怒，那么他是很难写好一篇以平等待人为题目的作文的。如果一名中学生觉得千好万好不如有一个有钱有势的老爸好，其父母又偏偏既无钱也无势，而是收入微薄的工薪阶层，即使他的父母含辛茹苦地供养他上学，他内心里还是经常怨天尤人，那么他也很难写出一篇以感恩父母为题的好作文。

以上所谈，都与主观意义元素有关，也都是涉及价值观的问题。

赋予作文正面意义

当下，有许多值得批判的社会现象。中学生在作文中对种种社会弊端、丑陋庸俗现象予以批判，毫无疑问是正价值观的体现。

"打铁还需自身硬"，我想借此话来提醒同学们：想要写出一篇具有批判锋芒的好作文，同样"还需自身硬"。硬在哪？硬在对正价值观的信守。

批判是一种立场。

中学生应该在作文中坚持正确的价值观。

正价值观不但是立场，同时也是批判的武器。若自身并无正价值观可信守，那几乎就等于自身没有坚定的立场，也没有武器。这样的批判仅仅是姿态，是"银样镴（là）枪头"罢了。

客观的意义元素、意义价值，与同学们的作文直接关系不大，不过同学们要了解，写作者与其作品之间还有这样一种主体与客体的转变就够了。

大家万勿这么想：什么主观意义元素、不主观意义元素，我的头脑中根本没有主观意义的想法又怎样？就写不出一篇好作文啦？本人偏不信那一套！我就要信马由缰、毫无主观意图地写，说不定就能写出令人刮目相看的客观意义价值来。

有没有此种可能呢？

不能说完全没有。但可以肯定地说，这样做，成功的概率不高。

文学作品中的客观意义价值，往往需要结合写作者的其他作品，以及写作者所一贯秉持的写作理念来评论。即使这样，也往往还是分歧颇大，争议长存。

还是以《聊斋志异》为例。如果蒲松龄只写了《义鼠》《野狗》《耳中人》《尸变》《喷水》《山魈》之类猎奇的故事，那么《聊斋志异》的主观意义价值就很有限，连客观意义价值也大打折扣了。

以写人来叙事

叙事文"以人为本"。

明明是叙事作文，为什么强调写人为主？

同学们，在平日的作文练习中，你们免不了要面对命题作文，也免不了要写叙事文。

相对于议论文，叙事文主要描述某一事件的经过和细节，是小学生作文必写的文体。

同样是"叙事文"这一概念，在"中学纪"则应被完整地理解为"叙事写人的作文"。

为什么在小学时不特别强调写人呢？

因为到了小学五六年级，老师会另出写人的文题，以引导学生写好人物，在写人物的过程中进一步提升写作能力。

而且，写事所训练的主要是叙事的条理性，附带训练文字表达能力——这是对人的感性脑区潜能最初级的开发。这种方法已被全世界的教学实践证明是较好的作文训练方法。写一件事，能写得有条有理，将时间、地点、人物、过程写得清楚明白，仅此而已。

但是同学们须知，若仅仅写事件的经过，而不重点写经历事件的人，那么事件只能写得简简单单。

一条黄狗卧在路上，惊马狂奔而过，将狗踏死了——这样一件事中根本没有人，若仅写事，无非就是时间、地点、大狗或小狗、几匹马拉的什么车、马是怎么受惊的。除了这些，还有什么可写的呢？

若以文言写之，两句足可：“黄犬卧于途。惊马奔过而踏毙之。”

若以“史笔”来写，一句足可：“惊马蹄毙黄犬于途。”

“二战”是多么大的事件啊，但若不写人，以中国文言叙其事，几十字就能写得较为清楚明白了。

你们若从电脑上搜索一下关于“二战”的历史词条，估计其描述最多也就二三百字。

就拿《史记》来说吧，若不是司马迁写了那么多栩栩如生的人物，《史记》也不过就是一份文言的“编年表”。

若以失敬的眼光来看，任何编年表不过便是时间、地点与事件的“流水账”。

有些同学的叙事作文常被老师批评为“流水账”，是因为这些同学对中学生叙事作文的理解不够全面，有偏差。“叙事”二字似乎限制了他们的理解力，使他们不对事与人的关系进行联想，或者老师从未有意识地引导他们进行联想。

再以“二战”为例。一写人，“二战”就是书之不尽、写之不完的大事件，回忆录、小说、戏剧、电影、电视剧、访谈专题片，等等，至今仍有优秀之作产生。

其实这是一个简单明了的道理：不与人联系起来，世界上一切事情都失去了以文字或其他方式呈现出来的意义。“意义”二字本就是对于人类而言的，即使人对史前事件、自然现象以

突出人物描写可以使叙事文更生动、更丰富。

以写人来叙事更能凸显事件的意义。

— 080 —

文字或其他方式来呈现，也是基于人类的解惑、探秘和揭秘等需求，起码是为了满足人类的好奇心。

世界上的一切事一旦与人的感受、命运联系起来，不论大小，意义随之产生——一片叶子可以入诗，"二战"可以产生史诗。不仅一些大事件值得大书特书，许多寻常小事也具有了娓娓道来的必要。

你们一定都以集体活动为内容写过几篇命题作文——参加春游、运动会，参观博物馆、科技馆、植物园……

如果仅写事，作文容易写成带有学生腔的事件报道。如果仅从事件本身去思索意义，那意义几行字也就写出来了。而且事件的过程不光你自己明白，又有哪一名与你一起经历这件事的同学不明白呢？既然你也明白，他也明白，每一名同学都明白，每一名同学都局限于事本身的意义去写，每一名同学都难以将事本身的意义写得与众不同，那么大家写出来的作文可不是都差不多呢！同样的词句往往既出现在你的作文中，也出现在别人的作文中，结果几乎出现在全班所有同学的作文中。

出现这种情况虽与词汇量少有关，但这不是主要原因。大家都从事件本身去思索意义这一集体思维定式，才是作文千篇一律的主要原因。

集体思维定式使集体意义表达的方向趋同，不可避免地造成了集体无意识的"克隆作文"的局面。

但如果将事件与人结合起来写，那就能使描写同一事件的不同作文各具特色。

比如，你与班里的某位同学有什么隔阂吗？你俩是否碰巧在大巴车上坐在一起？如果发生了这种料想不到的尴尬事，那么作文的开头就不必非是某月某日天气如何了。

"真是别扭极了，我居然与他坐在了一起！"

如果你以这样的开篇写一次春游，大概是不会与其他同学作文的开篇雷同的。

作文开篇即突出人物，使事件随人物言行自然发展。

说不到一起，还玩不到一起吗？这句民间老话，用在中学生的同学关系上，再合适不过啦！

倘若你们在春游活动中居然"不计前嫌"地玩到了一起，那么你的作文不就大有写头了吗？不就怎么写怎么有意义了吗？

如果你此前对哪一位老师有意见，你注意到往返途中那一位老师的言行了吗？

倘若恰恰是这一位老师，唯恐走失一名同学，上车前大声宣布纪律，下车后反复点名；到了春游地，不忘提醒大家记住集合地点、时间，一再叮嘱注意事项……这位老师是否值得你重新看待呢？

当然，写春游，景色描写是少不了的。人在事中，事在景中，景在春中。写春中之景，景中之事，事中之人，还要写得有条不紊，比之于小学生们单纯写事的作文，这种层次的写作训练高级了不少呢！

写事中之人，既可以写在某事中自己与"他者"的关系，也可以写"他者"与"他者"的关系。

还是春游这件事，写不包括自己在内的两名曾有隔阂的同学尴尬地坐在了一起可否？

当然可以！

那么开篇就成了这样：

"他俩居然坐在了一起！连我看着都替他俩觉得别扭！我相信，许多同学肯定也有同感。"

你可以从始至终仅仅是事件旁观者；也可以介入到他俩的关系中，有意促成他俩和好。

叙事的人既可以是事件旁观者，也可以是事件参与者。

如果他俩果然和好了，那么你的作文将一次春游写出了赏春观景之外的意义。

如果他俩的和好还是由你或别的同学促成的，那么这篇作文的意义就加码了。

如果他俩并没和好，非但没和好，反而发生了新的冲突，使老师和全班同学的心情都大受影响，那么是否便没有写入作文的意义了呢？

不是。肯定地说，也可以写。

在大家原本心情都愉快的春游活动中，在你或别的同学的良言劝和之下，两名互存芥蒂的同学仍不忘前嫌，使心里芥蒂升级为当众的言行攻击——难道两名中学生互相原谅、和好如初，竟也那么难吗？

仅这种叩问便有意义。

若能作出评论，若评论能引起中学生对和谐友爱的同学关系的珍惜，便更有意义。

说到底，意义只不过是人对人（包括自己）、对事、对人与事的关系，所作出的情感反应及思想反应而已。表达之，意义遂在焉。真诚地予以表达，意义便真实地凸显。忧伤地予以表达，意义便伤感地凸显。愤慨地予以表达，意义便义愤地凸显。辛辣地予以表达，意义便讽刺地凸显。幽默地予以表达，意义便在人会心一笑之际凸显。滑稽地表达，意义便喜剧性地凸显……意义以怎样的性质凸显，取决于以怎样的方式表达。

我似乎听到有同学在嘀咕："说得仿佛头头是道，瞎掰！春游我又不是没参加过，根本没发生过他说的那种事！"

以上那种事完全是我的想象，你们参加过的春游根本没发生过那种事太正常了。

但是，没发生过那种事，还没发生过别的值得写入作文的事吗？

时间是流动的。

一次春游，是一段不短的时间。只要某段时间有人在活动，那一段时间就不光是流动的，还是不断地进行"化学性"的内容改变的。人就好比存在于那一段时间里不同种类的化学分子，即使表面看起来静默着，也并不意味着没有化学反应发生。而一旦有事降临，其反应便会分明起来。

只在乎与自己有关的事，哪怕是微不足道的利益之事，对与别人有关的事却异常冷漠，即使是关乎别人安危的事，也视而不见、听而不闻。这样的人除了写日记，估计一辈子也写不出好文章来。而他的日记大概也不会体现什么正价值观，更不会有我们所讨论的意义元素。

那样的中学生也断不会写出一篇好作文来。

恰恰是他们，往往急功近利地要"窍门"。

而我要说的是，他们缺的不是写作文的"窍门"，而是更为重要的东西。

是什么，你们自己想。

心里没有的，眼睛是看不到的。

心里缺少阳光与温暖，就会觉得每一天都是阴冷的日子。这样的人即使得到别人温暖的善意，也会觉得别人的善意是阴冷的。

从小学到大学，作文这件事，除了对学生的头脑具有提升感性思维能力的作用，更重要的作用乃是造就一个"文化"的人，即心智被"人文情思"所"化"的人。

至于前边所谈到的参观博物馆、科技馆之类的活动，会有多少种写作文的角度，不再展开来谈。

总而言之，我仍要强调：若进了博物馆只见物，进了科技馆只见科技成果，是很难写出优秀的作文的。

任何天然之物之所以被陈列，还不是由于人的意图吗？人

好作文要用脑、用心、用爱来写。

眼中有"人"，
笔下有"事"。

有意图，物的陈列才有意义。任何后天之物，不都是由人发明、制造的吗？何以眼见其物，心中却联想不到那些造物之人呢？

任何科技成果都与各个领域的科学家们的创造性劳动分不开。将对科技成果的敬意用文字表达为对科学家们的敬意，作文才不致写成科技说明书的缩简版哪！

人、人、人！请同学们记住："中学纪"的叙事文，全面理解的话，一定是"叙事写人的作文"。

第五章

向名家名作学习

好作文"源于生活，高于生活"。同学们在动笔写作之前，心里应该有明确的情节路线图。结尾的写法很多，赋予结尾一点正能量，可以使作文变得温暖。作文或文学作品中的批判通常是为更好地表现人性理想，而实现人性理想需要我们每一个人的努力。

以名家短篇名作为例

接下来我们讨论的问题，直接与实际的作文写作有关了。讨论这样一些问题，当然以结合中学生作文为好。我是读过中学生作文的，但读得实在有限，几篇而已。虽然只不过几篇，但我自认为对中学生作文普遍存在的问题已心中有数。在我这儿，"一叶知秋""窥一斑而知全豹"是不算自诩的。

因涉及版权问题，我只以某些著名作家的短篇小说为例。而且，举水平较高的例子，更有益于诸位作文水平的长足进步。以中学生作文为例来谈中学生作文，好比一直在刚及腰部的浅水区指导游泳，学生对"作文深度"的领悟是不甚理想的。

中学生写作文可以从名家名作中汲取营养。

还要声明一点：同学们切莫以为，我以著名作家的短篇小说为例，实际上是我图省事，将大学写作课的讲稿塞入了此书。

不是的。

我在北京语言大学从教至今，从没开过写作课。

为了这一章节内容的丰富及有趣，我特地重读了一些著名作家的短篇小说，并有针对性地选取其中部分片段为例。

莫泊桑的《比埃洛》

大家都知道，莫泊桑是十九世纪法国优秀的批判现实主义作家。他有一篇三千多字的短篇小说《比埃洛》，其篇幅比中学生作文所要求的字数多不少，但在莫泊桑的短篇小说中，大概是最短的了。《比埃洛》这篇小说的内容如下：

乐斐佛太太是位乡下太太，寡妇。她与女佣洛斯住在一起，过着不愁温饱的生活。因为不愁温饱，便多少有点儿她那种乡下太太的虚荣心。某天夜里，有人偷了她家小菜园里的十几个洋葱头。这件事使主仆两个女人提心吊胆。于是，有人善意地建议她们养一条狗。这建议首先获得了洛斯的拥护，因为她是喜欢动物的。但乐斐佛太太却顾虑养一条大狗会吃穷自己。在洛斯的劝说下，她终于决定养一只小狗。只要它能在夜里听到外边的动静叫起来就好，何必大狗呢！乐斐佛太太虽然决定要养一只小狗，却舍不得花两个法郎买。一位面包店老板送给她一只小矮脚狗，叫"比埃洛"——主人想要"推开它"，"比埃洛"在法语中就是"抛弃"的意思。

　　于是乐斐佛太太成了比埃洛的新主人。逐渐地，她"竟到了爱它的地步，与它握握'手'，有时还给它几片在肉汤里浸过的面包"。但她没料到，养狗是要纳税的。当收税人登门向她征八法郎税时，"她几乎吃惊得晕过去"。

　　结果她也要将比埃洛"推开"了。她起先想送给别人，却没人要。后来她一狠心，决定让比埃洛"去吃石灰质黏土"，也就是将比埃洛扔入一个深达二十多米的矿井里。"那里是一切被人判了死刑的狗的坟墓；如果有人从井口经过，时常听到悲怨的叫声、愤怒而绝望的狂吠、一些求救的哀号从井底传上来。"那里向外散发着"刺鼻的腐臭味"，"好些怕人的惨剧，都是在那个黑暗世界里完成的"。在那个不祥的坑道井里，狗们为了生存，只有弱肉强食。

　　请谁将比埃洛扔下去呢？这也是要花钱雇人的。虽然只需付极少的钱——二十五生丁，但乐斐佛太太仍然觉得不划算。洛斯建议由她俩亲自来做，"因为如此一来，它在路上不会受虐待，并且也不会因为预知自己的下场而惊恐"。洛斯对动物的爱心，也只能尽到那么一种份儿上。而只要是能使自己省钱的建议，乐斐佛太太总是乐于接受的。

　　主仆二人在那么做之前，给了比埃洛一盆好汤和一小块奶油。趁它因快活而摇起尾巴时，洛斯用围裙包住了它……

　　"首先，她们听到一种钝弱的响声；随后，是一阵惊恐的号叫，尖锐得使人伤心，显然比埃洛摔伤了。接着又是一阵短促的哀鸣，最后是一阵长号，使人想得到它正对着坑口伸长脖子企盼救援。"

"它叫着，唉，它叫着！"

主仆二人赶快跑走，当天夜里都做了噩梦。

天一亮，乐斐佛太太跑到了那个废矿坑边儿上；比埃洛还在叫着，它不停地叫了一整夜。她伤心了，"用许多温柔的名字叫它"，"它也用狗的种种抑扬顿挫的柔和声音回应她"。她在那恐怖的坑边竟向它许了一个心愿，"发誓使它到死为止都是快快活活的"。

然而当有农人出于对她感情的理解，表示只要她付出四法郎便可替她将狗救上来时，她生气了！四个金法郎！简直想要她的命！

"洛斯向来是肯忍耐的，她却忍不住地说：'四个金法郎，这可太多了，太太！'"

洛斯请求扔给比埃洛些食物，使它不会很快就活活饿死——而对于既省钱又符合人道的建议，乐斐佛太太一向是虚心接受的。

以后主仆二人接连几天都要去坑边一次，扔下些食物。每次那么做了以后，乐斐佛太太的心情都会变得好起来。

某日，当乐斐佛太太满怀"仁慈"地亲手将一片面包丢下矿井，井底居然传出了一道洪大的狗叫声！井底已有两条狗了！又有人抛下了一条狗，一条显然非常凶猛的大狗！她在井

通过人物的言行来表现人物性格，进而推动事件发展。

口边充满感情地大声说："比埃洛！亲爱的比埃洛，我是给你的！"然而她每一次丢下面包片后，都会听到井底发生一阵可怕的骚乱，接着是比埃洛的一阵哀叫。它分明被咬得很惨，一点儿也吃不到。

乐斐佛太太不高兴地说："我可喂不起所有被人扔在这里的狗，这件事非停止不可了！"

"她将剩下的面包带着走开了，自己一边走一边吃。"

"洛斯跟随着，不时回头，也不住地用蓝布围裙擦着眼角。"

情节路线图

作为短篇小说，《比埃洛》的情节并不复杂，字数也不算多。对于中学生作文，以此为标准确实很高，却也不是高不可攀。据我所知，某些中学生已能写出五六千字甚至更长的作品（尽管他们写作文的热情也许并不高），情节也较为曲折。这些作品往往是"假想国"的内容，多是虚构的或穿越式的，人物关系也大多是小美女与白马王子的爱情。这种情况说明，某些中学生的实际写作能力，其实已远高于其作文所体现的水平，只不过作文提不起他们的兴致，自由想象式的写作才是他们喜爱的表达。

不把作文看成任务，可以更好地发挥写作能力。

如果同学们能够跟我一起耐心地分析《比埃洛》的写作过程，我相信，大家的实际写作能力都会获得明显的提高。

《比埃洛》毫无疑问是具有意义价值的。莫泊桑使笔下的"乐斐佛太太"成为一面镜子，照出了现实生活中的一些人在善与利之间的纠结，鞭笞了最终弃善择利的价值观。趋利选择是大多数人遇事时的普遍心理。这种心理使人首先权衡的是能得到什么，得到多少；会失去什么，失去多少。若权衡的对象是金钱，不论得到或失去，都往往会使某些人弃善不顾而又理所当然。那样的人与事多了，弃善逐利、见利忘义就会成为公共社会的潜规则，然而每一个人都不愿生活在那样的一个社会中了。

莫泊桑注意到了这一现象。他的关注证明他心中有一种不允许由"利"绑架"善"的人性尺度。若无这一尺度，对弃善逐利的现象就会熟视无睹，心中便没有任何反应。创作《比埃洛》是莫泊桑心中有，眼中有，继而于笔端注入了意义元素的写作过程。他凭写作经验，对"乐斐佛太太"进行了讽刺。这一讽刺极具文学性，人物形象塑造很成功，影响了我们的心灵，促使我们在人性善与恶之间思考、反省。而读者的思考，使作者注入《比埃洛》的意义元素上升为作品的意义价值。

当莫泊桑决定写这篇小说时，除了"乐斐佛太太"和"洛斯"这两个人物以及一只叫"比埃洛"的模样古怪的小狗，肯定还有一些关键词，那就是：十几个洋葱头、八法郎、二十五

带着意义元素去写作，可使作品更有价值。

生丁、四法郎、二十多米深的垂直的"石灰质黏土坑道的升降口"——许多被抛弃的活狗的恐怖坟墓。正是这样一些关键词，标明了他写作时的情节路线图。有了较明确的路线图，当然也就有了"终点"。狗的悲惨死亡便是"终点"。

在那些关键词中，"恐怖之井"是核心词。

我们来猜测一下莫泊桑写作时的思维方式，这对大家的作文写作也会有不小的帮助。"恐怖之井"既是小说情节的核心词，又成为情节路线图的"终点"现场，那么几乎可以肯定地说，莫泊桑动笔之前便已作出同样明确的决定：比埃洛必须死！必须惨死在"恐怖之井"里！只有使比埃洛惨死，才足以完成他的写作意图。

于是我们明白，原来莫泊桑动笔前的思维是飞跃式的！当写下"乐斐佛太太是个乡下太太"这第一行字时，他在头脑之中对于"比埃洛"的悲惨命运已经"冷酷"地作出了预设。

同学们也许听过或读过某些作家的经验之谈，他们总说，心里怎么想的就怎么写啊！这句话往往被误解成：边想边写呗！

其实大多数写作者的大多数作品，都是在动笔之前就有了较为明确的路线图的。在创作过程中，长篇小说的路线图很难做到始终不变，但三千多字的作品，往往路线图一经确定，笔端便直奔"终点"而去。

作文在动笔之前，应该有明确的情节路线图，即腹稿。

情节路线图就是所谓腹稿。

很少有人能在"腹"中形成特别完整的"稿"，但动笔之前，"腹"中没有"稿"是万万不行的。这好比要穿一串珠链，穿之前，得有足够的珠子。

腹稿就是心里的珠子，不可能是全部，但起码得有主要的几颗。倘心里一颗没有，边想边写，写完了上句，下句不清楚朝什么方向写，那样的写作岂不是太痛苦了？

莫泊桑写《比埃洛》之前，腹中分明就有"珠子"的。那些关键词都是他腹中的"珠子"，"恐怖之井"是其中最大，也最特别的。他确信只要能将"恐怖之井"这颗"珠子"穿在《比埃洛》这串文字珠链上，那么这一串不同寻常的文字珠链就会给读者留下深刻的印象。而事实也确是这样。

给结尾一点正能量

十几个洋葱头对乐斐佛太太是利的损失，却毕竟不太严重。然而贼也许会再来偷别的东西！于是"比埃洛"这只小狗就出现在她的生活中了。

她万万没想到收税人居然要向她收八法郎的养狗税！

"她几乎吃惊得晕过去。"这次，她面临的不是利益的获得，而是利益的损失。利益一旦体现为金钱，获得固然可喜，损失却令人心疼。那种疼使不少人觉得如同剜肉，难以忍受。乐斐佛太太正是这样的人。

八法郎就可以使乐斐佛太太"几乎吃惊得晕过去"。

只要付出四法郎，一个农民就愿意将比埃洛从"恐怖之井"拯救上来。但这样的费用同样令她大为光火。

二十五生丁呢？

一法郎等于一百生丁。

即使只付出二十五生丁，乐斐佛太太也觉得太不划算，这才与洛斯一道亲自将比埃洛扔下"恐怖之井"。当晚她做了噩梦，良心感到不安了。为了抚平自己忐忑的良心，她第二天又跑到井边去呼唤比埃洛，丢下面包片给它吃，暗自对它发誓："我要使你在死前一直是快快活活的。"

也就是说，乐斐佛太太要使比埃洛安乐死——不是无痛苦地瞬间结束生命的那一种安乐死，而是在"恐怖之井"里"快快活活"地挨时度日，直至生命自然衰竭而死——起码，她自己相信，她的做法是那么"仁至义尽"，比埃洛也应该能够"快快活活"地死去。

那么，她是不是太虚伪了呢？

从作品来看，似乎也不能断然下此结论，因为她是在井口边真的"呜咽"过的。

她到底是怎么回事呢？

她被个人利益彻底地异化了。被异化的人无法意识到自己已经被异化了，并对被异化了的自己无能为力。刻画一个完全被利益异化，确切地说是完全被金钱异化的人，而且是一个极普通的女人，比刻画一个在善与金钱之间表现虚伪的大老板之类的人物更有意义。因为金钱异化人的现象如果已从虚伪的大老板之类的人蔓延到了极普通的人，那么这样的社会就更堪忧了。

又为什么是女人呢？

因为女人在做某些可怕的事前，通常都有几分不忍。

乐斐佛太太做之前却没有什么不忍。相较于八法郎，比埃洛的命运便无足轻重了。

我们不难想象，莫泊桑用自己的笔赋予了比埃洛生命感受，却又使这只可怜的小狗被主人扔进"恐怖之井"，最终必定惨死无疑——他必须狠下心来那么写。

他又为什么非狠下心来那么写不可呢？

他一定认为只有那么狠下心来写，才能表达他的深刻意图，尽管内心里是同情比埃洛的。正如鲁迅虽同情"祥林嫂"，但也狠下心来，使孤独且沦为乞丐的祥林嫂在年关时饥寒交迫地冻死街头。

坦率地说，如果由我来写《比埃洛》的话，我是不太能狠下心来那么写的。比埃洛命运比祥林嫂更惨。后者毕竟是在人世间乞讨，尽管那人世极少温暖；而前者却是在活炼狱中，在弃狗们的"角斗场"上！它又是那么的缺乏自卫能力！所以，

给作文的结尾一点正能量，使作文给人以温暖。

如果由我来写《祝福》，鲁迅为祥林嫂所预设的命运结局，正符合我的预设。那种"忍心"，不论当年与现在，我是做得到的。但如果由我来写《比埃洛》的话，当年或许也能有莫泊桑那种"忍心"，现在则很难做得到了。

之前所坚持的文学理念发生了改变，现在的我觉得作品总归还是要使人从中品味出点儿人作为人的人性正能量为好。

那么我又会如何来写呢？

《比埃洛》的另一种结局

我的思维也会是飞跃式的。落笔之前，我会将女佣洛斯也当成极为重要的一颗"珠子"，使她的身上体现出人性的善之光，给作品注入暖意，给我自己以安慰，给读者以安慰，也给社会一分安慰。

在莫泊桑笔下，洛斯是一个着墨不多的人物。他写到了她是"喜欢动物"的，写到了是她建议起码应该给比埃洛经常送点儿吃的，以延缓它的死期。

这篇小说，莫泊桑最后是收笔在洛斯身上的，他这样写道："洛斯跟随着，不时回头，也不住地用自己的蓝布围裙擦着眼角。"

显然，在洛斯身上，莫泊桑注入了一点儿对人性的希望。

而在今天的我看来，那一点儿太不够了。

我会多注入一些，使那希望大起来：

不同的结尾
体现不同的
表达意图。

第二天，不知到哪儿去过的洛斯忽然出现在乐斐佛太太面前，她充满歉意而又坚决地说："太太，我不能继续在您家里做活了……我的意思是，我向人借了四法郎……总之，比埃洛现在已经是我家的狗了……我想您是不愿再见到它的……所以，我只得向您告辞了……"

她吞吞吐吐地说完，转身就走。

乐斐佛太太呆愣了半天，冲她的背影大声说："难道你忘了，以后还得交八法郎的税！"

但洛斯走得很快，头也不回，似乎根本没听到她的话。

我并不认为像我这么写更好，两种写法难较优劣。写作者这么写还是那么写，由下笔前哪一种表达意图更强烈来决定。

提供我的这一种写法，是为了能使同学们明白，描写同一件事和卷入了同一件事的同一些人物，是有多种写法可以选择的。

比如还可以这样写：

　　乐斐佛太太不慎掉进了"恐怖之井"，跌伤了。那条因被主人扔下来而愤怒异常的猛犬，更加愤怒。它一次次向乐斐佛太太发起凶狠的攻击，相比之下，十分弱小的比埃洛却一次次奋不顾身地保卫着她，即使自己被咬得血肉模糊也不退缩。幸而洛斯大声呼救，几分钟后有两个农民带着绳索和筐跑来了。

　　第二天，乐斐佛太太一边为比埃洛的伤口涂药一边对洛斯说："我已将八个法郎放在桌上了，你立刻去将钱交给收税人。"

依我想来，以上这种写法也不是不可以的。有什么不可以的呢？

正因为同样内容有多种写法，"怎么想的就怎么写"这样的话才不算是废话。总之，文字服从于既定意图。你作为写作者，动笔前已那么决定了，就不必犹犹豫豫地写。如果不是限时写作，即使中途改变意图，也可以写完再修改。

但同学们应该明白，莫泊桑的写法，确实可能更接近生活真实，是一种带有尖锐讽刺与批判的写法；第二种写法，凸显了写作者的主观希望；第三种写法，就属于十分理想化的写法了。

呈现生活原态的写法也罢，凸显主观希望的写法也罢，赋

每篇作文的结尾都有多种写法。

予人性理想色彩的写法也罢，只要表达意图的立场是正确的，作品的意义便肯定具有正价值。

文学作品"源于生活，高于生活"。

既然谈到"赋予人性理想色彩的写法"，我要和同学们谈一谈我一贯的写作主张：在我的写作生涯中，是从未放弃对于人性理想的恪守的。我认为，"文艺作品源于生活，高于生活"这句话如果仍有一定道理，那么"高于生活"不是指在别的方面"高于"，而恰恰是指在人性理想方面"高于"生活。人类既然始终对美好的生活、美好的社会、美好的人际关系怀有理想、抱有希望，又怎么能不对自身人性怀有理想、抱有希望？如果善于用纸笔进行表达的人类，数千年来表达的全是人性劣点的不可救药，甚至把这看作天经地义、理所当然，那么人类社会便断不可能有今天的文明和进步。那种对人性恶的一味表达，对人类自身有什么意义呢？

屠格涅夫的意图

让我们再以屠格涅夫的《木木》为例：

戈拉希姆是俄国一座地主庄园里的农奴——高大、强壮有力，孤独、不与人主动交流。他之所以不主动与人交流，并非由于身为农奴而自卑。实际上，他对自己的农奴身份一向没有不平的意识，更没有什么自卑意识。他的孤独且不主动与人交流，是因为他是哑巴。就算他不是哑巴，是一个能与人交流的人，肯定也只能与别的农奴交流，还要看对方愿不愿与他交流。

他爱上了洗衣女奴塔季扬娜，但庄园主将塔季扬娜嫁给了一个酒鬼鞋匠，于是酒鬼将她带往了别处。戈拉希姆心里不再有塔季扬娜，眼睛也不再看别的女人。他养了一只小狗，用哑巴能发出的亲爱之声叫它"木木"。从此，木木成了他的"另一半"。某日，女庄园主逗木木玩，却遭到了木木的反抗。女庄园主十分恼怒，命戈拉希姆将木木弄死，以免她再见到那只"讨厌"的小狗。

这是主人的命令。作为农奴，戈拉希姆早已习惯了服从。他没有拒绝或反抗的意识，因为他是典型的农奴。典型的农奴对主人向来唯命是从。

他把木木抱上小舟，将小舟划到湖中心，在木木的脖上系绳套，而绳的另一端拴着大石块。他做这件事时，像做主人交代他做的其他事一样态度认真。而木木一直以极信赖的目光望着他的举动，不知自己死之将至，以为主人在与自己玩什么游戏。他双手将小狗托抱起来往水里放时，小狗看着他的目光还是那么信赖与温顺。

木木被淹死了，它的命运比比埃洛的略好一些，因为它死前确实是"快快活活"的。

几天后，戈拉希姆悄悄离开了庄园，不知去往何处了。对

"悲剧就是把有价值的东西毁灭给人看。"

于农奴，这意味着逃跑，大多数庄园主会向警察局报案，警察要协助追捕的，而被追捕到的农奴将遭受严厉惩罚。

不久，农奴制废除了。

我们先来分析一下屠格涅夫写这样一篇小说（可看作是作家作文）意图何在。批判农奴制的不人道？对的。这显然是他写作时的意图之一。我们感受到了这点，也就感受到了作品的一种意义元素。并且，我们无疑是赞同他的批判意图的，那么，他向作品中注入的这一意义元素，经由我们的赞同产生了价值作用。

表达对农奴的同情？也对的。作品的字里行间确实流露着对戈拉希姆的同情。对戈拉希姆的同情，也是对所有农奴的同情。

我们还读出了屠格涅夫写作时的其他意图吗？

他肯定还有其他意图。

他的意图是什么呢？

让我来启发一下同学们：

屠格涅夫写《木木》时，农奴制其实已经废除了。像屠格涅夫这样善于通过作品传播人文思想的作家非常清楚，以批判对象存在且强大之时为背景创作作品，可以加强作品的批判力度。农奴制已经废除了，《木木》的批判意义是否滞后了呢？并非这样。滞后的批判也许更深刻。

但《木木》更深刻的批判意义究竟体现在哪方面呢？

屠格涅夫是同情戈拉希姆的，但他显然也是同情木木的。戈拉希姆亲手将活生生的木木沉入湖底，这一残忍的情节必将使读者对戈拉希姆的同情大打折扣。

这是屠格涅夫肯定会预料到的。既然预料得到，为什么还要这样写呢？

我在上中学时，曾对结尾的情节作过以下设想：

> 当戈拉希姆的目光接触到木木那依赖又温顺的目光时，他的心抖动了一下。他没有将木木放入湖中，而是将它紧紧抱在怀里，他无声地哭了。那是高大强壮的哑巴农奴第一次哭。
>
> 那天夜里，他抱着木木悄悄离开了庄园……

当年的我，对自己的设想很得意，认为这样的设想才更符合人性，也算是替木木讨回了公道。

成年以后，我才逐渐明白，屠格涅夫在农奴制废除了以后所写的《木木》另有深意。

除了前边提到的两种意图表达，他的第三种也是最主要的一种意图表达乃是：农奴制对农奴的压迫，不但体现于对他们劳动力的剥削以及对他们人身自由的限制，更体现于对他们心灵的或曰人性的严重扭曲。

木木只不过没有讨女庄园主的欢心，这样一条平时又乖又可爱的小狗便被判处了死刑，天理难容啊！

作为主人，替木木辩护几句总是应该的吧？

戈拉希姆既是农奴，又是哑巴，他的头脑里没有辩护的意识，口舌也丧失了辩护的能力，我们只能原谅他。

但戈拉希姆亲手淹死自己那么喜爱且那么信赖自己的木木，实在是很难让人原谅啊！既然能在淹死木木后离开庄园，为什么不可以带着木木一起离开呢？

然而屠格涅夫的深刻性也正体现于此——人性已被农奴制严重扭曲的戈拉希姆，其农奴意识已被驯化得特别巩固，他对主人的服从意识也同样巩固。既是主人的命令，那就必须执行！

他最终离开了庄园。虽然"离开"表达了屠格涅夫对他人性复归的一种希望，但他又能在人性复归的路途上前行多远呢？

虽然农奴制废除了，每个庄园的农奴都被遣散了，但千千万万"戈拉希姆"们以后将何去何从呢？

这是屠格涅夫的忧虑之思。

这种忧虑之思，与鲁迅的杂文《娜拉出走之后》异曲同工。

乐斐佛太太是被金钱毒害到了心灵深处的一个女人，戈拉希姆是被农奴制严重扭曲了人性的一个农奴。

名家下笔"狠心"，是为了使作品的意义更深刻。

屠格涅夫描写戈拉希姆"身材魁梧""强壮有力"，是因为他代表着千千万万的力量；设置他为哑巴，是因为千千万万的他们对自身权利、命运以及社会地位，都是不能正常发声的。

由他来淹死木木，为的是向读者证明——看，这个农奴的人性被农奴制伤害得多么深！总之，如果木木不被戈拉希姆亲自淹死，作品意义的深刻性也必大打折扣。

要么对戈拉希姆的同情会大打折扣，要么是作品意义的深刻性大打折扣——人物命运和作品的意义有时可以兼顾，有时只能选择其一。

于是我们明白，莫泊桑也罢，屠格涅夫也罢，别的作家也罢，他们笔下某些情节设置的"狠心"，其实也是出于不忍。

莫氏不忍看到金钱使许多人变成乐斐佛太太那样；屠氏不忍看到农奴制使许多"戈拉希姆"即使在废除了农奴制以后相当长的时期内，心灵和人性仍无法从农奴制的桎梏中解放出来。

经典文学的启示

依我看来，《木木》比《比埃洛》更好一些，更堪称经典。

经典至少具有两个特征：一是其意义元素较为多元，人物内心丰富，一言难尽；二是其情节路线较难改变，尤其结尾较难改变。即使改变，在认真构思之后，还是不得不承认，原作的设置更好。

比如《木木》的情节路线和结尾仅留有另外一种改变的余

地，并且改变后影响了原作的深意。

中学生阅读经典文学后可相互讨论、交流心得，或写一篇读后感，将自己的理解记录下来。这样，以后作文时对情节路线的设置就会更明确一些，对人物的把握会更全面一些，对"意义"的自我要求会更高一些。而对"意义"的自我要求高了，"高于生活"的同时便也"深于生活"了。

契诃夫的《变色龙》《伊凡洛夫》《小公务员之死》都具有不可改变的经典性，正如鲁迅的《祝福》《孔乙己》《阿Q正传》具有不可改变的经典性一样。我建议没读过契诃夫以上三篇小说的同学读一读，它们都很短，用不了多少时间。

《变色龙》可使我们欣赏到活灵活现的人物语言。巡警奥楚蔑洛夫的丑陋嘴脸会使我们联想到现今社会上某些人的嘴脸，这证明它的意义价值不但具有长期生命力，而且具有超越国界的生命力。

《伊凡洛夫》既含情脉脉又忧伤不已。它的风格与《卖火柴的小女孩》遥相呼应。不但安徒生那样的童话作家，连契诃夫那样思想极为深刻的，以解剖俄国社会病灶为己任的作家都会将温情的目光投注到孩子们身上——这样的作品更能使你们理解，为什么我希望你们不要太以自我为中心，要多关注生活在不幸中的人，在作文中写到他们。因为"心中没有，眼中便没有，笔下便没有"。读这一类作品，我们也是在感受值得我们尊敬的作家的那颗善良的心。我们已不仅仅是在学习写作经

写读后感能加深对经典作品的理解。

冷静批判的背后是作家善良的心。

验，而是以心学心。

《小公务员之死》是极具讽刺性的经典作品，与《变色龙》互为姊妹篇。但《小公务员之死》的情节极其夸张，而且是"黑色"的。它告诉我们这样一个真相：某些关于写作的新潮理论每每形成于西方国家，然而写作本身，却并非先有理论后有作品。一切理论都是在分析和总结某些作品特征的前提下形成的。也可以说，倘无作品，便无理论。世界上没有什么经典之作是因为依照某种理论来写才成为经典的。同样道理，中学生要写好作文，也不能迷信什么"要诀"，而更应虚心地在阅读经典中领悟写作之意义。比如在关于"黑色幽默"的理论形成之前，契诃夫们早就幽默得很"黑色"了。

揣摩经典作品有助于写出好作文。

批判色彩与人性理想

亲爱的同学们，我还要纠正你们认识上的另一种偏见，而它多存在于喜欢课外阅读的同学们的头脑之中。它一旦存在于你们的头脑之中，像其他偏见一样，既会导致你们以偏见之眼欣赏，以偏激之语评论，还会导致你们以片面的写作心理追求意义之深刻。

我所说到的这种偏见就是：批判性质的作品当然比具有人

性理想色彩的作品深刻，而深刻的当然是"高级"的，于是便认为呈现批判性质的作品才真正是好作品。

这种偏见对你们是十分有害的！

你们要写好作文，应该而且必须从头脑之中摈除这一偏见。

关于写作的这种"唯深刻崇拜症"，像"为赋新词强说愁"一样大不可取。

某些打着批判旗号或被冠以"批判"二字的作品实际上写得很低俗，只不过是丑陋俗恶现象的大集合和文字展览罢了。而且这种作品很容易让读者看出，写作者自己也缺少对人类正价值观或曰普世价值观的秉持，只偏好以文字呈现社会丑陋俗恶的一面而已。

批判性质的作品与具有人性理想色彩的作品，对社会文化的建设永远都是同等重要的。二者之间仅有写法区别，并无高低之分。许多写作者某一时期的写作是以批判为主的，另一时期则是以传播人性理想与希望为己任。如果他们不能将批判与寄托理想和希望相整合，便往往会选择以一些作品来批判，以另一些作品来表达对人性之善的理想和希望。

"横眉冷对千夫指"——这肯定是鲁迅批判性的写作立场。

"俯首甘为孺子牛"——这是另一种立场。如果内心没有半点儿对人性的理解、希望以及对好社会的憧憬，"俯首"又有什么用呢？"甘为孺子牛"又对社会有什么实际的促进作用呢？

批判是为了更好地表现人性理想。

鲁迅内心最大、最深层的痛苦，乃是他在他所处的时代只能将希望附丽于将来，而那"将来"对于他却既模糊又遥远。

但我们仍不难从他的许多杂文中读出他对于"将来"的召唤。

我认为，在批判性质与人性之理想、希望相结合的实践方面堪称经典的，是雨果和托尔斯泰的作品。

《悲惨世界》中的米里哀主教不理想吗？太理想了！冉·阿让不理想吗？也太理想了！珂赛特的丈夫、青年贵族马吕斯也很理想啊！连警长沙威的人性后来都变得那么理想主义——他的死其实并不太可信，但我们接受了雨果对这个人物生命结束的设置。为什么呢？因为不但雨果个人需要那种对人性的理想和希望，我们的心也需要啊！人类的社会将永远需要啊！

在《九三年》中，雨果对人性理想的希望表达得更为真挚而强烈！这正是全世界至今不忘，在必要之时纪念雨果的原因；也正是《悲惨世界》于二〇一二年又一次被搬上银幕的原因。然而不也正是在《悲惨世界》和《九三年》中，体现了雨果对于法国封建专制王朝最猛烈的批判吗？

托尔斯泰一生的写作同样也没放弃过对俄国沙皇封建专制王朝的批判。不论是他的短篇小说《午夜舞会》，还是史诗著作《战争与和平》，都表达了他对封建制度极强烈的谴责和嫌恶，以及对贵族阶层腐朽糜烂生活的抨击。然而他也看到了，在某些贵族人物身上，仍具有他所希望的种种良好品质，比如安德烈公爵、皮埃尔伯爵，托尔斯泰将体现在他们身上的良好品质，文学性地提升为自己的人性理想。

商业电影中的人性理想

亲爱的同学们，你们肯定经常去电影院看电影，走出影院，如果你们能感觉心底多了一些温暖和厚重，对明天多了一些期许，那应该是影片中的人性理想在你们心里留下的印象。比如《泰坦尼克号》《辛德勒的名单》《2012》《指环王》《哈利·波特》等等，这些电影哪一部不是包含了对理想人性的寄托呢？除了《辛德勒的名单》，以上电影都是多么商业化啊！然而即使在这些特别商业化的电影中，对于理想人性的希望和寄托也是显而易见的。

比如在《哈利·波特》影片中，编导使少年哈利·波特身上具有中国古代义侠般舍己为人的精神，"明知山有虎，偏向虎山行"，不惜以自己的生命换得众人及魔法学校的安全。如果没有类似的意义元素，《哈利·波特》影片除了是人类头脑初期想象力（那实际代表人类儿童时期的想象力）的集大成加三维科技的炫展，还有什么别的意义呢？

商业电影中不乏人性之美。

缺乏人性光辉的文艺作品必然黯淡。

再比如《泰坦尼克号》，男女主人公之间的凄美爱情，肯定曾赢得你们中不少同学的眼泪。但是你们想过没有，在爱情关系中，如果一方肯为另一方献出自己的生命，并且在常人难以忍受的肉体痛苦的煎熬中咬紧牙关坚持到生命的最后一分钟，那就已经不仅仅是爱情故事，同时也是表现凄美之人性的故事了。同样，此类故事若不是表现在爱情关系中，而是表现在亲情关系中，也是非常凄美的人性故事。我们之所以大受感动，不仅仅因为接受了居然能够爱到那种程度的爱情，居然能够亲到那般地步的亲情，同时也为在生死关头居然能够自我牺牲得那么坚决又那么心甘情愿的人性而震撼！

我推荐同学们看《战马》这部电影。

《战马》的年代背景是第一次世界大战，主要场景是英、德两军进行战壕攻守的一段阵地，主线则是一匹名叫乔伊的战马的经历。

一战开始后，乔伊被迫与他的小主人分离，告别了农场，成了一匹战马，当过军官的坐骑，拖过伤病员，拉过高炮……在又一阵炮击的火光硝烟里，已成了战地"流浪者"的乔伊受惊了，它冲撞着一道道带刺的铁丝网，向德军战壕奔去。最后，乔伊身体遍缠铁丝，精疲力竭，它悲哀地嘶鸣着倒下了。然而来临的并非死亡，而是一名英军士兵。他勇敢地跃出战壕，冲向乔伊，这时德军士兵的枪口对准了他。尽管他手举白旗示意，但德军以为那是他的攻击计谋。当他大声咒骂起来，声明自己只不过是要救那匹战马时，枪声才戛然而止。

英军士兵奔到乔伊旁边，手中握着一柄刺刀。刺刀是割不断一道道缠绕于马身的铁丝的，他束手无策。

战剧性的情节就在此刻发生了：他背后不知何时出现了一名德军士兵，也是来拯救战马的。交战双方的两名士兵在两军战壕间眈眈对视的几秒钟，是相互敌对的人性在本能防备一触即发的危险的几秒钟。即使一个不明智的微小举动，都可能使这一个毫不犹豫地用刺刀捅死那一个，或那一个毫不犹豫地开枪击毙这一个。当德军士兵也声明自己是前来救战马的，危险的几秒钟才算过去了。接下来是语言沟通的问题，倘若语言沟通有碍，误会还将产生，危险随时可能再度一触即发。英军士兵不会德语，幸而那名德军士兵曾在英国读过书。

目的是一致的，又有了"共同语言"，接下来就是如何拯救乔伊的"技术问题"了。剪断带刺的铁丝需要钳子，德军士兵朝己方的战壕喊了一句，战壕里立刻抛出了多把工兵钳！此前，他们是杀死对方连眼都不会眨一下的两伙人，而那一刻，他们因拯救一匹战马而同心。

乔伊得救了。

再接下来是乔伊的归属问题。英军士兵认为是他们的战马，理应由他牵走；德军士兵认为是德国的钳子对拯救战马起了决定性作用，战马应归属德军。

矛盾不可避免，怎么办呢？士兵头脑里当时立刻想出的最

战争与和平的宏大主题有无数个表现视角。

简单的解决办法是决斗，但他们都放弃了这一想法，达成了由抛硬币来解决问题的共识。

结果，乔伊属于了英军士兵。他离开前向德军士兵主动伸出了手。而德军士兵握住他手时，礼貌地问他的姓名，并有点儿依依不舍似的说自己会记住这个名字的。

这一情节至此还没结束。英军士兵牵着乔伊刚走几步，德军士兵叫住了他，抛给他一把工兵钳留作纪念。而英军士兵说，战争结束后，如果他们活着的话，将会用那把德国工兵钳修剪自家的花园……

我认为以上是《战马》最有深意的部分，整段情节都是以令人会心一笑的风格呈现的。观众会心一笑，自然是与编剧和导演的良苦用心"会心"了；情不自禁地微微一笑，便证明接受了注入在电影中的意义。

后来的情节也十分令人难忘。那名士兵将伤痕累累的乔伊牵到了战地医院，那里的情形自然触目惊心。围裙上满是血迹的军医对战马的处理态度极冷静，他认为没有必要将宝贵的药品用在一匹生命力衰竭的战马身上。如果不用药，乔伊必将得破伤风。为了使它免受痛苦，上策应是给它一颗子弹。有人一扯缰绳，乔伊驯良地低下了头，在场的每一个人都默默看着手枪对准它的额心。

忽然有人吹出了一声口哨，是把它养大的主人吹的。成了一名士兵的主人此时双眼被炮火灼伤，围着药布，什么也看不

人性观照能跨越人与动物的界限。

见。他吹那声口哨，是因为思念他的乔伊了。

乔伊抬起头来，四下寻找的样子。

当主人抱住它的头，它用唇磨蹭主人的肩时，正常的人是没法不被感动的。

而军医了解到乔伊的经历后，也改变了态度，保证道："我将像对待一名受伤的士兵一样认真医治它的伤。"

后来，战争结束了，战马却要按军队规定在拍卖场上现场拍卖。为了让它的主人能将它带回家园，战友们纷纷倾囊相助，以防它被别人买走……

除了《战马》，蕴含着对美好人性的希望与寄托的电影有好多，比如《小鞋子》《放牛班的春天》《美丽人生》《当幸福来敲门》等等。

伟大的导演和编剧们为什么一次次地把目光投向这些不属于鸿篇巨制的电影呢？为什么愿意将镜头对准一匹马、一双鞋子、一群孩子或一个最普通的家庭？

因为他们明白，对于理想人性的希望，是需要一代又一代，百代千年地用心灵去感受和拥抱的。而将其意义注入文学和文艺，也需要一代又一代，百代千年地去温习。

这种希望，乃是人类对美好社会希望的前提。无此前提，美好社会绝不可能只靠金钱堆砌出来；而人类的头脑里，也断不可能思想出符合高等文明的美好社会的蓝图来。

鲁迅所希望的附丽于将来，细思忖之，也只能附丽于一代

实现理想人性，需要每一个人的努力。

又一代的新人。

批判还是褒扬？

亲爱的同学们，比之于我这种年龄的人，你们身上有许多的"新"。然而我觉得，你们"新"的方面，应当首先表现在对良好的、极符合普世价值的人性的追求。否则，即使你们穿着最新潮的衣服，说着最新潮的话，唱着最流行的歌曲，用着最新款的手机和电脑，也还是很"旧"的人，其人性"旧"得仍接近"半人半马"。

我们的文化仍然存在着一些问题，最主要的问题就是，在文化主体即叙事文化中，充斥着大量热衷于表现人与人斗的内容。而那些人与人斗的内容，要么本身没有被赋予要表现的意义价值，要么其本身的意义价值被媚俗娱乐的倾向消弭掉了。我们的电影和电视剧中现实题材的不多，并且寄托我们理想人性希望的也不多。于是，从我们的小学生开始，一批又一批只爱看人与人"斗"的故事的观众被"培养"起来了。于是，被好斗、善斗、斗而"其乐无穷"的文化熏陶的人们，在现实社会的行为便缺少了理想的人性，如同"人马"。

法国有一位著名的雕塑家罗丹，他雕塑过许多杰出的作品，

文学艺术作品应充分褒扬人性善

像他的名字一样广受赞誉的《思想者》《巴尔扎克》《地狱之门》都是杰作。他还有一件作品《女人马兽》，或许你们不熟悉，但他塑造的"人马"的形象尤其让人震撼。"人马"是希腊神话中马身人首的怪物，力大无比，具有一定神通，但又凶暴残忍。罗丹雕塑的"人马"是痛苦着的"人马"，为什么它痛苦呢？因为它那人的一半，企图从马的躯体中挣脱出来。它扭动着半截人的上身，竭力向上，向上，挣脱，挣脱……

亲爱的同学们，人类的文明发展到今天，其过程便经历了这些痛苦。

但是至今，在我们人类的成员中，有些人的灵魂方面仍是"人马"。

以下对话也许在不少家长和孩子之间进行过：

"别看那些外国电影了，看起来没完没了！"

"这部电影里有我在国产电影、电视剧中没太看到过的好人。"

"那就对啦！一不留神在国产电影、电视剧中看到了好人也千万别信！那是编的，生活里才没多少好人！"

而在外国家庭，家长和孩子之间的对话却往往是反过来的：

"妈妈，这部中国电视剧里的坏人太多了！"

"那是编的。生活里并没有那么多坏人，起码在我们的国家里没有那么多坏人。"

以上的对话，几年来经常萦绕在我耳边，因为是我亲耳听到的。那日我去看一位外国朋友，她与我交谈时，她正看电视的女儿忽然与她进行了以上对话。

我希望你们将来做了父母，也能像我那位外国友人那样回答自己的孩子。

"其实地上本没有路，走的人多了，也便成了路。"这话是鲁迅说的。

而另一个社会的真相是：世上本无许多好人，好人文化不断化人，自然便开始有了更多的好人。

反过来也是真相：世上本无许多坏人，教人尔虞我诈、钩心斗角、为达目的不择手段的文化日益兴盛，不断异化人，坏人便会觉得他们的坏符合生存之道；而好人出于不吃亏的考虑，往往也要学些坏的伎俩了。

亲爱的同学们，在消化我所言的作文之意时，我希望你们能将所谓批判的"深刻"与人性的温暖同等对待。

叙述险恶之事的作文也可以表现出人性温暖。

大作家们往往都难以将以上两点很好地结合在自己的作品中，更遑论你们的作文了。

我并不要求你们做到那样。

但我真的希望你们能同等对待。

你们最好是两种作文都写。尤其在写自主命题的作文时，不可一味地只写"深刻"的而鄙薄温暖的，那并不证明你们真的"深刻"；也不可一味地只写好人好事，须知写好人好事并不等于写了一篇具有人性温暖的好作文。

你们的问题在于，写好人好事往往还是习惯于依照小学时的写法，而缺乏向人性方面去表现的经验。

人性温暖并不仅仅体现在好事进行着的时间流中，也每每体现在不好的事、不祥的事、危险甚至凶险之事发生的时间流中。在那一时间流中，即使没有见义勇为的人物出现，人性温暖也很可能体现于寻常人的寻常言行之中。感受得到那样一种人性温暖并善于写出来，这个过程对提升你们的写作能力是极有裨益的。

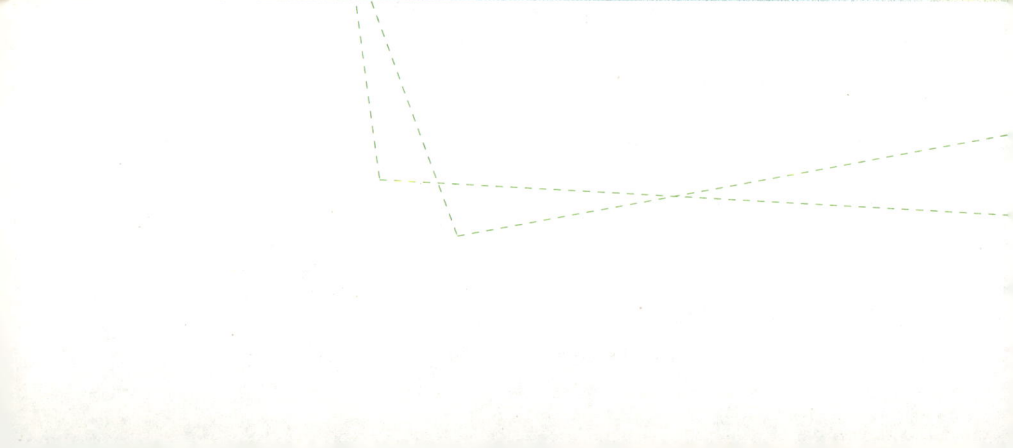

第六章

多种构思

只要打开思路，发挥想象，作文就不再是一件困难的事。作文也是一种对中学生思考能力的训练，这种思考能力很多时候体现在对"意义"的叩问和表述上。积极的"意义"思考和表达，是中学生作文与做人的基石之一。

骇人听闻的生活原型

有些事本身便具有构思多种情节路线的可能。决定将任何一件事写入作文前，冷静思考一下，看究竟能想到几种构思。如果能想到了二种或三种，应认真比较，最后选择自己主观意图最强烈的那一种来写。

我曾经对我教过的大学生们讲过这样一件事：我听人说，在中国某些偏远的地方，在交通法制教育还不像如今这般受到重视的十几年前，有的司机驾车轧到人了，不是赶紧将伤者送往医院，而竟倒车再轧，直至将人轧死为止。也有的司机，见有人看到了车祸发生，便装模作样地将伤者抱到车上。车开走后，他并不会及时将伤者送往医院，而是绕行良久，故意拖延时间，为的是使伤者因流血过多而死。大家不要以为这是我编造的危言耸听的谎言。十几年前，这样的事确曾发生过多起。为什么呢？因为如果一个人驾车肇事轧死了人，那反而是一了

非典型事件中的典型之恶。

百了，判决起来也往往简单，无非就是一次性赔偿。而若轧而未死，致人终身残疾，又愿意私下解决，那么肇事者往往"麻烦"更大，有可能被长期绑架，赔偿多少次也难以彻底摆脱，只好没完没了地增加赔偿。造成这种情况，实际上主要是肇事者自作自受。他们原本以为绕过法院双方私了便可使自己少赔些钱，结果是"聪明反被聪明误"。

当年媒体还报道过一件事：天将黑未黑之际，西南某省某大学校门外，几名同学在散步。一卡车疾驶而来，撞倒了一男一女两名同学。司机表示愿送两名受伤的同学去医院救治（男同学伤轻，女同学伤重），我想那未必不是他当时的真实想法。于是，另外的同学帮他将两名受伤的同学抬上了卡车。其他几名同学都料不到世事有时会多么险恶，也对两名受伤的同学缺乏应有的责任感，居然无人相随，眼睁睁看着卡车绝尘而去。既无人相随，那司机半路改变了想法，将车拐上了通往山里的路。受轻伤的男同学觉得事情不妙，跳下了卡车，一夜躲躲行行，天亮后才回到学校。校方紧急报案，警方火速侦察。三日后，案子破了。原来那可恨的司机竟将昏迷中的女同学活埋在了山里。当年该校的学生们义愤填膺，要求严惩杀人犯。但女同学已命归黄泉，无论如何也无法使死者复活！

后边这件事可间接证明，前边那种现象绝非子虚乌有。当年的中国，法盲尚多。人不畏法，又缺少人性教化，则人性尤其乏善可陈。

习作《午夜的事》

按下后一件事不表，单说我在课堂上结合写作时的人性观照讲了前一种现象后，班上一名男生震惊之余写出了一篇作文《午夜的事》。既以恶事为叙事主线，他的意图当然在于以文警世。他早已接受了我平日所强调的叙事为写人的主张，便将情节路线直铺向人物之人性的深层。

一些习作可能涉及深层的人性

《午夜的事》内容大概如下：

甲乙两名三十多岁的男性农民是发小。甲新婚不久，夫妻情笃。甲贷款买了一辆卡车，乙陪他进城将车开回。车行半路，下起了大雨。车上，乙对甲"谆谆教导"雨天驾车应注意什么什么情况。他特别叮嘱，万一撞了人，万不可下车，要狠下心，倒车，再轧。乙现身说法，他当年出车祸时，正是由于狠不下心，被官司缠上，结果刚买不久的卡车不得不卖了，老婆也跟他离了婚……

正"教导"着，前轮一颠，接着一柄黄色雨伞忽然刮来，挡住了车前窗。

甲说："不好！都怪你叨叨起来没完，让我分心！"

乙说："兄弟，你肯定撞了人啦！倒车，快倒车！"

甲已经蒙了。

乙急哥们儿之所急，替之把方向盘，使前轮进退数次。之后，二人换了位置，乙仗义地替魂飞体外的甲将车开回了家。

二人饮尽一瓶白酒，各压其惊。

乙安慰甲，又说："事已至此，害怕也没用了。轧死一个人总比使他终身残疾强，这样的结果起码对自己好些。明儿一早便去投案，争取个宽大处理。"

乙走后，甲发现家中的黄雨伞不见了，这才想起自己曾与妻讲好，去县城买东西的她，会在事故发生的那一路口等着他开回的车……

一篇叙事文至此结束，不过一千五六百字，中学生作文一般也就那么多字。

我在班上将这篇叙事文读了，引起热议。

同学们对这样一篇叙事文的"意义"不存疑问，警世的意图是谁都听得出来的。大家对情节路线的设置也予以肯定，但对结尾争议颇大。

有人觉得就那么结尾不错，留给读者想象的余地很大，比明确的结尾好。

"反对派"则认为，既然主观意图是为了警世，还是应予以明确交代——卡车轧死的正是甲的妻子。不明确的结尾警世的力道不足。

轧死的究竟是不是甲的妻子呢？

若明确此点，只能劳甲再回现场亲眼看一遭。

有人道："这有何难，多写几行字的事嘛！"

又有人道："才不是多写几行字的事！一看轧死的真是自

每个故事在逻辑上都有它的"结尾AB剧"。

130

己的妻子，甚爱其妻，且又醉着，悲悔极度，那可该怎么结尾呢？"

这个说："一见正是妻子，顿时瘫坐于地可也。"

那个说："草率了，草率了。夫妻感情好，后边就仍有大文章可做！"于是即兴发挥，续了一大块内容：

甲将妻子的尸体背回家中，置于床上，洗尽血迹，更衣换鞋，就像发送出殡前的亲人必做的那样。甲对乙恨极，怒火燃烧地又去找乙，与乙发生激烈争吵，直至打了起来。盛怒之下，将乙的头磕裂于桌角。

这样结尾，对乙那种"仗义"地帮哥们儿行恶事的人，也等于进行了文字惩罚。一举两得，具有双重的警世意义。

又有人说："爱妻被自己开的卡车轧死了，发小被自己一时冲动弄死了，那甲还活个什么劲儿呢？"

讨论更加热烈，大家七言八语：

"那么就让甲自缢了吧。"

"还是喝农药更符合他当时的心情，那样可以死在妻子身旁，搂着妻子。"

"我也有内容要续—— 一夜死三人，关系又是夫妻二人和丈夫的'发小'，公安机关当然会作为大案来破！结果侦来察去，到了也没搞清楚三人之间究竟发生过什么事，最终结成无定论悬案，不了了之。"

"当地公安机关还从北京请来了破案专家，专家们给出了

> 对作文情节的讨论本身是一种集体创作。

较一致的结论——婚外情惹的祸。"

"村民们对此疑似结论都深信不疑，都道是知人知面难知心，表面看起来感情多好的小两口儿，亲兄弟般的发小，不料都是假的！"

续了一段又一段，续成了这样，一篇交给我讨学分的作业，被集体创作成了短篇小说。

我指定一名同学按照集体创作的构想将故事重写了一遍，这篇习作由当初的一千五六百字变成三千余字了。

我们可以对这样一篇小说评头论足，大加贬低。但谁也不能不承认，它的确已经很接近一篇短篇小说了，而且情节一波三折，跌宕起伏，既具有发人深省的警世意义，还具有"黑色"意味。

以积极的状态作文，可以全面提高中学生的思维能力。

同样属于叙事文体，中学生作文与某些很短的短篇小说之间，其实并没有不可跨越的天堑。如果一名中学生并不排斥作文，其要写入作文之事本身又具有情节生长的可能性，而且也愿意用心写到三千余字的话，那么一名中学生写出短篇小说来是完全有可能的，写得不错也是完全可能的。这倒不必与想不想当作家、将来能不能成为作家联系起来考虑。一联系起来考虑，反而会丧失作文的更为主要的作用。更为主要的作用乃是：一名中学生若肯那么动脑来写，同学们若肯那么热烈地参与讨论，将会使中学生对某些社会现象的观察与分析、对人性的洞察与思考、对事件的表述能力，获得较为全面的、超越性的提高。

"中学纪"没再有哪一门课程能使学生们的感性脑区和理性脑区的工作潜力实现同等、全面和超越性的提高了，除了作文。

后来，那篇作品在学生们自己办的刊物上发表了，反映还不错。有的同学写了评论，题曰《从"人马"到人：评小说〈午夜的事〉的劣质人性提示与批判》。

怎样写更警世？

《午夜的事》居然仍没画上句号。还有一些同学找到我，谈了他们某些其他想法。他们既然意犹未尽，我也就满足他们的愿望，又安排了一堂课的时间，再进行一次讨论。

讨论同样热烈。同学们各有奇思异想：

有的主张甲并没回到现场去亲眼看一看，因为他当时醉了，神志不清。他一发现家中的黄雨伞不见了，便立刻转身冲出家门去找乙算账。二人正在吵吵打打，那淋得落汤鸡似的妻子出现了——她的伞被大风刮走，她也就不在路口等丈夫的卡车，冒雨回村了。

那么卡车轧到的又是什么呢？

是从另一辆卡车上掉下的一个装满麦子的麻袋。虽然是虚惊一场，但甲以后再不与乙这个发小来往了，觉得交那样的"仗义"哥们儿太危险。

"反对派"反对道："从妻子手中刮走的伞偏偏挡住了丈夫开的卡车的前窗，卡车所轧又只不过是一个麻袋，太巧合！不够深刻！"

坚持者坚持道："为了追求所谓的'深刻'，非将情节设置得那么极端，太刻意了。而刻意与巧合，同样是好小说的大忌。干吗不给劣质人性回头是岸的机会呢？老师不是常讲，要永远对人性寄托以希望吗？"

"反对派"反对道："老师常讲的是对美好人性要永远寄托以希望，不是指劣质的人性！那两个人的人性已经极劣，还能寄托什么希望呢？对劣质的人性就该以文字的投枪和匕首相向！"

有的主张甲的妻子虽然没被轧死，但她回到家里时，却发现丈夫甲已服毒身亡了！为什么呢？因为他一怒之下失手打死了发小，酒醒了，不想再活下去了。办案人员将甲的妻子带走，一次次地审，总想让她主动承认两个男人的死与她有什么直接关系。她后来虽然因为涉案证据不足被释放了，但村民们却从此戴着有色眼镜来看她了。她无法忍受，终于搬走，搬往何处却无人知晓。

这一主张使较多同学给出了"意义"认同分。认同的主要原因是：劣质人性不但导致两个关系是发小的男人丧命，而且使别人陷于受到怀疑、有口难辩的冤屈之境，比之于前边几种妻子被轧死了的写法，更具有批判警世的深意。

有的主张干脆抛开妻子死或不死这一思维定式。为什么非在此点上做文章呢？确实轧到人了，但不是妻子，而是别人，那么情节又会拐向哪里？

要回答这个问题，首先应确定的是，轧到的是认识的人还是不认识的人。如果是认识的人，是同村的还是外村的人？是彼此关系较好还是关系不好的人？

有人主张轧到的是外村的根本不认识的人。如此主张的人对情节是这么构想的：甲是不同意乙的建议的。当乙催促他倒车时，他既没完全吓蒙，也没听乙的，而是及时跳下车，将伤者抱上车，将车尽快开到医院。伤者虽然保住了生命，却被截肢了。甲也没像乙当年那样为了少赔偿一些钱而求人调停进行"私了"。他具有一定的法律意识，也按照法院判决卖了车，借了钱，痛痛快快地交付了赔偿金。但事情也的确像乙当年面临的那样——伤者时常与其家人闯入甲家大闹一场，提出各种要求，搅得甲家无宁日。

乙于是问甲："兄弟，后悔不？"

甲总是平静地回答："我不能像你教我的那么去做，那样太没人味了。"

后来，甲家小两口搬到了无人知晓的地方。

村里的人们一提起他们，都说甲是好人，一直补偿受害者，

> 开放式的结尾给人更多想象空间。

忍无可忍，才选择了逃避。他媳妇也好，没跟他离婚，好人就得有好报嘛！

这一构思，也使较多同学给出了认同分。他们的观点是，虽然这种构思与上述几种相比，其戏剧性以及人物之间的冲突大为削弱，但正因为如此，感觉更贴近生活真实了。它一反前边几种构思的批判与警世路线，对人性正能量给予肯定，寄托了我们对人性善的希望，更具有教化人心的意义。

"黑色幽默"式构思

按照以上构思，也有人主张卡车轧到的是熟人，还是自己的中学老师。老师对甲这名学生虽有印象，但印象不深，因他当年并不是学习多么好或多么善解人意的学生。老师获得了及时救治，以后逢人便说，甲是他教过的学生中最喜欢的一个，还说："他又给了我一条命啊！如果当时开车的不是他，我早成鬼啦！"

这一构思却遭到较多同学的反对。他们认为，轧到的人恰是自己的中学老师，这种事发生的概率很小。在小说创作中忌讳将发生概率很小的事件作为主要情节；要犯此一忌，一定要有独具匠心的构思才值得。就这一篇小说后面的内容来论，谈不上什么匠心，只不过是硬要将坏事引出"好的"结果才直奔正面教育意义而去的一种构思。进一步说，是小学和中学时代的作文要求在头脑中形成的一种模式化构思。

我认为，大学生们的构思理应更加开放，对"意义"的理解也应该更加多元；但对初中生来说，敢将坏事写入作文已经算是有胆有识，难能可贵。若还能写出正面意义，便算是颇具匠心了。大学生与初中生之间，还隔着"高中纪"呢，不可采用同一评说尺度。

"否定"的声音中派生出了几名"改良主义"者。他们认为，对哪一种构思都要"看到希望"嘛！有人不是觉得谈不上什么"匠心"吗？增加几分"匠心"，发生概率很小的缺点不就可以忽略不计了吗？

他们的构思更是出人意料。卡车轧到的还是老师不变，但当甲不顾乙的阻止跳下驾驶室时，车轮下老师瞪着他大叫："上去！上去！倒车！倒车！"

甲又怎么会那么做呢！不管轧到的是什么人，他都断不会那么做的，何况是自己的中学老师。

老师脱险了，却从此残了一条腿，只得提前退休了。他后来每次见到甲，总是无可奈何地摇头道："唉，说你什么好呢！当年你是我学生时，我就认为你脑子里缺根筋，没想到你成家了，在成年人的世界里磨炼了多年，到如今还是缺根筋！"

原来，老师买过人身保险，为了继续供女儿出国留学，成

世相百态是人性与现实的矛盾的反映。

心以死来换取一笔赔偿金。结果呢，腿残了，还提前退休了。赔偿一条腿的钱，当然比赔偿一条命的钱少得多。而退休了，每月到手的退休金也不多，勉强维持生计。他和甲是师生关系，当老师的怎么好意思闹到法院去呢？所以，只象征性地收了甲一些钱，也就"私了"啦。

甲不明白老师的苦衷，每次听老师当面说那种话，回到家里就郁闷地喝酒。半醉不醉时，他总是自言自语："我哪儿错了？我哪儿错了？谁能明明白白地告诉我，我究竟什么地方做错了？……"

众学子纷纷鼓掌道："这构思好！这构思好！"

我问他们为什么觉得好。

他们回答："事还是那么一档子事，却没死人，也没再出现更可怕的状况，但原有的批判意图仍在，而且产生了新内容。儿女们为了留学，不管家中经济实力够不够，往往'啃'起'老'来没商量。一些父母也往往出于虚荣心，为圆儿女们的出国梦付出什么都无怨无悔！内容与现实贴得更近了，批判现实的角度更多元了。虽然没有把人性正能量摆在代表希望的位置，而是使之处于令人啼笑皆非的境地，但主要人物毕竟守住了人性底线哪！我们对他的同情，不正体现了对道德滑坡的担忧吗？是'黑色幽默'的构思！"

这种评语话音刚落，立刻有同学站起来大声说："论'黑色幽默'，本人也有一构思，自认为更'黑色'，对道德滑坡现

作文中可以适当运用"黑色幽默"的手法反讽不合理的社会现象。

象更具讽刺性。"

大家请他快讲。

他的构思是：甲的车轧着人了，但与其妻子无关。甲的妻子在路口等他的情节完全可以不要。车前轮一颠，两个男人立刻意识到轧到人了。也没有乙阻止甲千万别下车的情节，车反复碾压之后开走了。哥俩两个人四只手，简直就是心往一处想，劲往一处使。

甲回到家里，自然是心中有鬼，坐立不安。夫妻二人边吃晚饭边看电视，不料县电视台的频道播出了甲与他的发小在车里发觉撞了人之后的所作所为。因为下雨,画面有些模糊不清，但还是能在刮雨器的作用下看出他们手忙脚乱不下车反而倒车的情形。

轧到的又是何许人呢？

是稻草人。

是谁搞出这样的恶作剧呢？

不是有人在搞恶作剧，而是县电视台的几名九〇后编导想出了这么一个点子，并且埋伏在隐蔽处偷拍。

这又是为什么呢？

一是为收视率所迫。由于节目的收视率一再下滑，他们常受领导批评。二是出于公共传媒的社会责任。本县接连发生几起肇事司机驾车逃逸的事件，他们有心用镜头"逮"一个典型，予以曝光，达到新闻教育的目的。

有争议的作文内容，练习时可以适当涉及，考试时要慎用。

甲看了之后做何反应呢？惭愧不安了吗？

才没有呢。

他勃然大怒，吼道："可恶！敢这么侵犯老子的名誉权！是可忍孰不可忍！"

乙在家也看到了那个节目，同样勃然大怒。

于是，哥俩一纸诉状，将县电视台的几名九〇后编导告上了法庭！

结果，此事闹上了网，点击率"贼高"，在网上掀起了一场关于公共传媒的社会责任与公民名誉权的大讨论。大讨论快速升级为大辩论，许多名人、社会学者、大学教授和所谓"公共知识分子"也都卷入论战，各自旗帜鲜明、立场坚定地发出自己的声音！

法院最终判决甲乙二人胜诉，判令县电视台的几名九〇后编导公开道歉，但驳回甲乙二人要求赔偿一百万元的请求。

几名九〇后编导纷纷辞职。

甲乙二人成了本县名人，到哪儿还都有敬烟的。

网上论战一方哀叹："事竟若此，道德滑坡难止！"

论战另一方倍感欣慰："法理获胜，中国进步大有希望！"

全体同学居然起立，鼓掌。

任何事情都有它的两面性。

"意义"表达提升作文

亲爱的同学们，对于以上诸种重新构思，我无法给出优或劣的判断。

中国有句古话："文无第一，武无第二。"

但是在中国的古代，又确实有人凭"文"的才能而考取第一，曰"状元"，这评选"文状元"的背后耗了考官多少精力，这里不多说。我想说，若从历届"状元"们的文章中优中选优地再选出"第一"来，则是难上加难的事。而武状元却可以选出"第一"，好比进行体育单项选拔赛，最终"第一"总是会决胜出来的，而且是毫无争议地决胜出来，除非运动员服了禁药，或裁判作弊。

"文"则不同，即使优中选优地选拔出"第一"，也仅代表那一次那一批评委那时的眼光。换一批评委，情况也许便不一样了。同一批评委，同一些文章，隔一段时间再选，情况也许又不一样了。若让更多的读者来选，情况可能与评委们选出的结果大相径庭。

这是因为，认为哪部作品是好作品，是由客观优点与众多读者的主观感觉相结合而得出的结论，作品的客观优点越能获得公认，读者的主观感觉就越容易被"俘虏"，而且读者是愿意接受并享受这一点的。

客观标准确实是有的，但却是不确定的。不确定也是可以

> 对作文优劣的评价往往是客观的作文水平与评判者的主观感受相结合而得出的。

— 141 —

被基本上认知的，无非是"意义"元素的轻重多寡加上文字的个性，再加上构思的"匠心"及细节处理的技巧性。

我一向认为，文字、构思、情节和细节，都属于经验性的能力，多写自会提高。中学生之间，这种能力的差别本应不大，然而实际上差别却不小。这是因为，有些同学的这种能力在"中学纪"得到了及时开发，而有些同学的这种能力未得到及时开发，非常遗憾地竟成了他的弱项。

我一向认为，人到了"中学纪"，绝对应该通过作文提高自己对人性与自身，与他人，与社会，与万物生灵关系的思考能力。正是这种思考能力，体现为中学生作文的"意义"表达。

但据我所知，以上思考能力在"中学纪"反而是不怎么被强调的。原因似乎是这样一种声音："你们年纪还小，头脑过早地思考某些成人才需要思考的问题，对成长反而不利。"

我不同意这种观点，不认为中学生开始思考以上问题"过早"。

那些在自己的"中学纪"还不开始思考以上问题的人，后来极有可能变成几乎一辈子不会再思考以上问题的人。

我认为，那样的人多了，对一个国家是不利的。

我不愿看到你们将来也成为那样的人。

因此，我特别强调你们在写作文时重视对"意义"的思考。

中学生对人与人、人与自然、人与社会关系的思考能力可以通过作文来体现。

第七章

"改造"和续写

练习作文的方式有很多，续写名作、"改造"故事情节，都能拓展作文思路，活跃作文思维。在改写、续写的过程中，宜将美好的人性融入其中。请记住，一切美好的情感都可以写入作文。

几则可以续写的故事

为了对你们进行"意义"思考能力的训练，我给你们留些作业。你们根本不必动笔，甚至也不必挤出时间去找原文来读，在平时没事的时候想想即可——如果以下作品由你们来写，是否有可能对原构思加以改动，使之包含你们自己的写作意图？

《雨钱》是《聊斋志异》中的一篇，只有四五百字。内容如下：

某秀才日读时，一相貌甚是古朴的老翁前来造访。老翁自言乃狐仙，因仰慕秀才的高雅，希望和他成为忘年交。秀才生性旷达得很，也不以此为怪，便同老翁谈古论今。老翁知识渊博，所说的话句句深刻、富有哲理。秀才打心眼里佩服，留他住了很久。

一天，秀才私下祈求老翁："您只要略施神通，金钱马上就来。看我如此穷困，您可不可以救济我一下呀？"

老翁沉默不语，过了一会儿笑道："这是件很容易的事，但要十几个钱做本钱。"秀才按他的话办了。

于是，他们来到屋里，老翁为秀才变钱了。那钱哗哗地从梁上往下淌，如同暴雨，转眼之间就埋了秀才的膝盖，待秀才拔出脚来又立刻淹了脚踝。老翁回头问秀才："能满足你的愿望了吗？"秀才说："足够了。"老翁手一挥，钱雨一下子就停了。

过了一会儿，秀才去屋里取钱，见满屋的钱都没有了，只有十几个本钱还在。秀才大失所望，十分生气地责怪老翁耍弄他。

"翁怒曰：'我本与君文字交，不谋与君作贼！便如秀才意，只合寻梁上君交好得，老夫不能承命！'遂拂衣去。"

以上一段，便是原文结尾。

大家可以想想，互相讨论讨论，看能否有情节的发展，或意义的改变。

《骂鸭》同是《聊斋志异》中的一篇，更短，仅二三百字。内容如下：

淄川城西白家庄一位居民，偷了邻居老汉家的一只鸭子，煮着吃了。夜里，他觉得全身发痒；天亮后一看，身上长满了一层鸭茸毛，一碰就疼。他非常害怕，却没有办法医治。夜里，他梦见有人对他说："你的病是上天对你的惩罚，必须得到失鸭人的一顿痛骂，这鸭毛才能脱落。"

每个作品的构思都包含着多种意义表达的可能性。

可邻居老汉呢，向来度量宽宏，就是丢了东西，也不会大发脾气。偷鸭人很狡猾，对老翁说："鸭子是邻居某某所偷，他非常害怕别人骂，您快骂骂他吧，以后他可不敢再来偷鸭子了。"

老翁笑道："谁有那么多工夫生闲气，去骂这种品行恶劣的人。"

老汉不肯骂，偷鸭人急坏了。无奈之下，不得不承认鸭是被自己吃掉了，并道出了自己的苦楚，哀求老汉大骂之。老汉急其所急，于是大骂之。那人身上的鸭毛，随着骂声退去……

以上两则小故事虽然都很完整，意图表达也很明确，但又仅仅像两个故事的开头，具有情节延展的多种可能性。而每一种情节延展，都将是另一种意图表达的体现，便也会产生另一种意义，甚至会同时产生多种意义。

美国有一位作家欧·亨利，被誉为"美国现代短篇小说之父"。他一生创作了许多脍炙人口的短篇小说，其中一篇是《财神和爱神》。大致内容如下：

一位靠生产肥皂起家的大富翁，有一个经常与他发生思想冲突的儿子。儿子是大学生，经常就人生与金钱、爱情与人生、幸福与金钱等关系与父亲展开激烈辩论。儿子对父亲"万般皆下品，唯有金钱高"的价值取向极其反感，而父亲对儿子"金钱不等于幸福"的观点一向斥为"幼稚"。

某日，父子二人又辩论开了。

令人意想不到的情节转折既是巧妙构思，也体现了意义表达的多样性。

儿子生气地说："没有真爱的人生怎么会幸福？但是后天，我的'真爱'就将乘船去欧洲待两年！而我还从没有机会向她倾吐我对她的真爱！你的金钱帮不了我！让金钱见鬼去吧！"

第二天晚上，儿子回到家里时兴高采烈、幸福无比。原来他在与那位姑娘同乘一辆马车赶往剧场的路上遇到了交通大堵塞，车辆和马匹纠缠在一起，堵了很久。他利用那一段时间，在马车里从容且成功地向姑娘表达了爱意，将母亲生前托付给他的戒指戴在了姑娘的手上。他们相吻了。

而真实的情况是，那位父亲用六千三百美元制造了一场根本不该发生的拥堵。

在我的记忆中，小说就这样结束了。

如果有人以为欧·亨利通过《财神与爱神》向社会传播了"金钱至上"的观点，那么是他自己误读了。不是欧·亨利的错，是读者自己的问题。最谦虚的作家也不对误读的读者负任何责任。事实上，欧·亨利通过《财神与爱神》对"金钱至上""金钱万能"的社会进行了巧妙的讽刺。

《财神与爱神》结束于父亲的话，讽刺犀利而精妙。欧·亨利的意图表达在于讽刺，他的意图实现了。

有的读者也许会不满足于此种表达。他们希望作者通过情节的设置给出另外的结尾，明确否定"金钱万能"的结尾。而这一种否定，又只能通过儿子的反驳话语来实现。

> 结局的巧妙反转能增强文学作品的讽刺效果。

父亲的话说完以后，儿子哑口无言了。

儿子又说了什么话，才能使父亲也哑口无言呢？

请同学们各自想想，互相讨论一下。

我的提示是，如果儿子的话仅仅是据理力争，无论说得多么正确，都将是没有力量的。对于六千三百美元制造了一起本不该发生的交通拥堵这一事实，正确的道理是苍白的。儿子只能又讲出自己在交通拥堵发生后的另外的事，才能证明他成功地收获爱情与金钱的"伟大作用"没什么关系。

儿子对父亲讲出了什么呢？

我认为，如果欧·亨利写《财神与爱神》时想出来了，他是会写出来的。《财神与爱神》之类小说，是他当年挣稿费养家糊口为报纸写的专栏小说，情节往往仅有一次转折。

同学们能使其情节再发生一次转折吗？

《警察与赞美诗》是欧·亨利的另一著名短篇。大致内容如下：

冬天即将来临，一名流浪汉饥寒交迫。这时，他不禁想到了监狱。至少，岛上的监狱里有床和食物。为此，他想出了好几个让警察逮捕自己的点子。

他打算去百老汇大街的一家高档餐厅吃"霸王餐"，却被侍者看破。

他砸破了一家商店的橱窗，站在门口等着被抓，而警察却不相信是他干的。

通过使名作情节转折的练习，拓展作文思路。

　　他又尝试着去吃一顿简单的而不想付钱的饭，结果也没招来警察，反而被侍者推倒在人行道上。他还去勾引年轻女子，扰乱社会秩序……但警察都没有将他逮捕。

　　一天晚上，当他走到一座教堂下面时，一阵悠扬的赞美诗飘进了他的耳朵，使他的心灵起了奇妙的变化。他要把自己拔出泥潭，重新做一个顶天立地的男子汉。

　　可是，就在这时，他感受到了一只手按在他的肩膀上……

　　第二天，警庭的法官宣布，他将被监禁三个月。

　　如果让你对这篇小说进行续写，你会怎样写下去呢?

　　鲁迅的一篇短篇小说《白光》，也很适合进行情节延展。内容如下：

　　清朝末年，一个名叫陈士成的男子又一次在科举考试中落榜了。那是极度绝望的经历，他经历过多次了。这次，他是被打击得晕头转向了，连自己是怎样回到家里的都不清楚了。以"行尸走肉"来形容那时的他再恰当不过了。他是以教几个孩子读书为生的，看榜后，哪里还能重新打起精神来教孩子们读书呢? 遣散了孩子们，他跌坐于椅上发呆。

　　他的家族只剩他一个未婚男子了。他回忆起小的时候，祖母曾多次对他讲过，不知在他家的哪面墙里，或哪处地下，先人封藏过大量的财宝。这一回忆，往他奄奄一息的生命里注入了兴奋剂。

　　于是他开始破壁，刨地。天快亮了，却一无所获。

　　对名作进行续写是一种不错的练笔方式。

"是的，到山里去！"

他在这样的声音里恍惚着奔出了家……

第二天，他的尸体被从湖中捞起，而且衣服全被脱掉，正是赤条条而来，赤条条而去。在乡下，死去的人被极度贫困又贪小便宜的人剥走衣服是寻常事……

"改造"情节路线

以上几则故事梗概可能使同学们厌烦了，也许大家会想：怎么都是些不美好的故事，难道只有这类故事，才能够激发我们感性脑区接续创作的潜力吗？当然不是。如前所述，《比埃洛》的故事结局不是很悲惨吗？我们不是将其结局"改造"得不那么悲惨了吗？《木木》的结局不是令我们因木木的命运倍感忧伤吗？我们不是也通过对结尾的"改造"使木木不死了吗？《午夜的事》的内容也是尽显人性邪恶一面的，不是也可以"改造"出较有暖意的效果和讽刺剧般的效果吗？

有一条规律，即如果一个故事的情节路线是朝着较温暖、较美好的方向铺设，那么他人往往很难"改造"它。

因为美好的表达意愿是善良。善良是人世间一切温暖的"火种"。这"火种"一旦由写作者的内心捧向故事中，字里行间

可以给有负面情节的作文加上希望的结尾。

便都带着温度了。如果像泼一盆冷水那样，将一个冰冷的甚至可悲的结尾嫁接在一个通篇温暖的故事上，那故事必定会让人感到不自然。

反之，如果一个故事的情节路线是朝着尖锐的、辛辣讽刺的、振聋发聩般令人警醒的方向铺设的，那么在达到写作目的的同时，依然可以给出有希望的暗示。那种暗示是一点点温暖的火光，也为"改造"提供了余地。

以上规律证明，为美好而写美好，为温暖而写温暖，即使除了美好与温暖再无深意，终究还是有着一些价值。因为人性需要不断间接感受、体会和领悟美好与温暖。

反之，为写假丑恶而写假丑恶，除了假丑恶的文字呈现不见一点儿真善美的痕迹，而且也看不出作者极尽文字表达的良苦用心，其想象力再高超，也注定了作品没有价值。人类之所以写作，并且进行了几千年之久，归根到底不是想要间接观看假丑恶在人世间大行其道，甚至取代真善美。当然此种人也不是完全没有。他们是病态的，不说他们。

所以，古今中外流传至今的一切故事类的文艺作品，以呈现假丑恶的大行其道为能事、以假丑恶的大获全胜为结局的例子是极少的，这样的作品即使有，也并非经典。

我以前边几则既不美好也无暖意可言的"故事梗概"为情节的"核"，将把它们"改造"成对美好人性的希望这一"工程"留给你们来进行。

当然,大家不必勉强自己。像《午夜的事》那样的"改造",虽仍不美好,也无暖意可言,但意在警世与讽刺,也同样证明改写者具有一等的智商。

一个圣诞夜的故事

让我们再来举几则"故事梗概"。它们是美好又温暖的。内容如下:

在一个圣诞夜,圣诞之钟尚未响起。

开首饰店的未婚男子(帅气而清贫的三十多岁的人)在门口掏钥匙,正要锁门离开他的小店,一个七八岁的小女孩忽然推门而入。

店主又回到柜台内,好奇地打量他的小顾客。女孩的衣着告诉他,她家十分清贫。但她的衣服洗得多干净啊!补丁补得多仔细啊!而且,穿在身上之前,分明是认真熨过的。虽然她穿的是带补丁的衣服,但那衣服却仍使女孩给人留下衣着整洁的深刻印象。

女孩向店主问了好,从柜台这一端走到那一端,默默地看啊看,终于抬起头大大方方地问:"先生,我对选首饰实在很外行,您能告诉我哪一件是您店里最好的首饰吗?"

情节的展开可以从平凡的生活场景入手。

— 155 —

店主愣了一下，犹豫片刻，从衣兜里取出一个精美的小首饰盒，打开盖子放在柜台上，彬彬有礼地说："尊敬的小姐，当然是这一件喽！"

他并没骗那女孩，这是真话。除了首饰盒里的这条细细的缀着一颗小宝石的白金项链，他店里的其他首饰只不过是些好看的样子货，都属于非金非银非宝石的那一类。这条白金项链是他的镇店之宝。如果没有了它，他的小店简直就不好意思再挂首饰店的招牌了。所以，他每天离开小店，必定要将它揣在兜里带回家去才放心。失去了它，他就不打算开店了。

女孩一见那项链，立刻喜欢上了，高兴地说："先生，您真贴心！您一定是个好人，对吗？"

年轻的店主脸红了，腼腆地回答："我想，是你说的那样吧，凡是认识我的人也都这么说……"

女孩从兜里掏出一个手绢包，双手捧给他，庄重地说："那么好人先生，我想，我的钱买下这条项链足够了，请您自己按照项链的价格收钱吧。"

年轻的店主又犹豫了一下，解开手绢包，见是一包硬币。根本不必点数，他就可以得出结论，用所有这些钱买店里最便宜的首饰都不够。

"小姐，其实这件首饰也很好，您再仔细看看这件，也许会改变主意的……"

年轻的店主将另一件首饰从柜台里取了出来，热情地推

通过人物语言表现人物心理变化，这会使作文十分生动。

销——那自然是很便宜的一件首饰。

但女孩看都不看一眼，说："不，先生，我主意已定，不会再改变了。"

年轻的店主没辙了，愣了片刻，问女孩小小年纪为什么非要戴首饰。女孩说，买的首饰并不是自己戴，而是要作为圣诞礼物送给她的姐姐。女孩又说，在她四岁那一年，父母先后病故了，当年姐姐比现在的她大不了几岁，姐妹俩只有相依为命。姐姐为了她们的生存当过卖花女，长久地站在童装店门前当过童装模特，也背着她乞讨过。如今，她长大了，姐姐也有了较正式的工作，成了一位受人尊敬的真正的小姐。但是姐姐还从没戴过首饰。她知道姐姐像许多小姐一样，也非常喜欢首饰，只是舍不得买。所以她两年前就暗自发誓，一定要用自己攒的钱为姐姐买一件首饰，在某一个圣诞夜送给姐姐，向姐姐表达自己的感恩。

女孩问年轻的店主："先生，即使在亲人之间，也需要表达感恩，对吗？"

"对。"店主回答，紧接着问，"可是小姐，您的钱是怎么攒下的呢？"

女孩承认，她曾卖过花，背着姐姐和老师同学们。

这时，圣诞的钟声响了起来。小城里不止一座教堂，顷刻间，圣诞钟声响成一片，就像我们中国大年夜爆竹响成一片一样。在钟声中，年轻的店主没法与女孩继续交谈了，他解开手

美德的价值是无法用金钱衡量的。

绢，开始默默点数那些硬币。同时，他内心充满感动，感动于女孩有一位好姐姐，也感动于女孩对姐姐的感恩之情。

圣诞钟声响过后，年轻的店主说："尊敬的小姐，正如您估计的那样，您这些钱买下这条项链足够了……而且……而且还多出两枚硬币……"

他煞有介事地将两枚硬币推向女孩。

女孩收回两枚硬币，揣好首饰盒，道过谢后兴高采烈地转身便走。

年轻的店主对着她的背影说："小姐，圣诞快乐！"

女孩转过身，在门口向他施了一个屈膝礼，也真诚地说："好人先生，也祝您圣诞快乐！"

从那一个圣诞夜起，小小的首饰店两年多的日子里再没开过门，年轻的店主也从小城里消失了两年多……

美好的结局能使读者感受到温暖。

原故事当然并不是这么结束的。它还有大多数读者所希望的更美好的"尾声"——两年后的一天，当年轻的店主重新出现在小首饰店里时，那女孩和她的姐姐一同迈入了店门。女孩的姐姐是一位秀丽、端庄的姑娘。

女孩的姐姐说，两年前的圣诞夜，当妹妹将圣诞礼物放在她手中时，她立刻看出，妹妹攒下的钱绝对不足以买下那条项链。她当即拉着妹妹的手匆匆来到这家小店，但门已上锁，没有人能说得清店主去往何方了。

两年多的日子里，她们姐妹曾无数次伫立在小店门外，期待着店主出现。

因为妹妹不晓得那条项链的真正价值，他为了成全妹妹的一片感恩之心，蒙受了极大的经济损失。当姐姐的郑重地替妹妹道了歉，并"完璧归赵"。

故事还没有完。

在下一年的圣诞夜，当小城响彻圣诞钟声时，在一座教堂里，年轻的店主与一位品德高尚的美丽的姑娘结婚了。——这才是保留在我记忆之中的故事的结尾。我已经完全不记得自己是在一本什么书中读到这个故事的了，因为我被这故事感动时，与故事中那女孩差不多大。

亲爱的同学们，正如我在前边所谈到的，一个故事的美好和温暖，是由它的基本元素的美好和温暖决定的。那么，除了美好又温暖的结尾，别种不美好、不温暖的结尾，是不适合它的。硬把不美好、不温暖的结尾"嫁接"给它，就会给人十分别扭的感觉。而令人别扭是好作品和好作文的大缺点。

比如这个故事，年轻的店主与女孩的姐姐喜结良缘，可以说是最完美的结尾。

一位"好人先生"、一个单纯得近乎是小天使的女孩以及她的好姐姐——在这样三个人物之间，即使天大的误会也不会引出邪恶的事来。所以也就只能形成一条情节路线，一条向呈现美好人性与人间温暖发展的情节路线。而美好人性与人间温暖一向同在。

一切故事梗概都可以用来进行续写练习。

— 159 —

诸位，如此说来，"终点"难以改变。面对这样一个故事，我们还有进行情节再创作的空间吗？

还是有的。

甚至可以说依然很大。

我们不妨对首饰店的年轻店主与女孩的姐姐之间的爱情进行一番情节的再生成。

对爱情故事展开想象

在我以上所讲的故事中，基本没有爱情发生和发展的过程。

我们都知道，爱情在文学作品中往往很波折，也往往经历较长时间的考验。

呈现爱情的过程也许是几千字的事，也许需要用几万、十几万、几十万字。若用大量文字来叙写，内容元素就肯定不仅仅是单一的爱情了。写得好，无疑体现了高超的写作能力。而上述这个故事，也只不过成了一个大故事的"开头"而已。

同学们千万不要朝几万字去想，完全没必要。我并不主张大家动笔写几万字。我只希望大家偶有余暇时，将这种构思作为检验自己感性脑区思维能力的小试题，互相碰撞碰撞想法，仅此而已。

爱情是人类一种美好的感情，一切美好的感情都可以出现在作文中。

我还有一点声明，因为你们是中学生，所以你们的家长和老师若发现你们笔下出现"爱情"二字，往往非常紧张，如临大敌。但实际上，泛滥成灾的爱情故事早已成为中学生的"日常精神消费品"。与其看那些不好的，何不自己来想象较美好的呢？而且《白雪公主》中有爱情，《海的女儿》中有爱情，《灰姑娘》中也有爱情。

美好的爱情故事对人的心灵的正面影响，与其他美好的情感对人的心灵的影响同样重要。而且，这种影响应该从"中学纪"开始。

基于以上思想，我要再给你们讲一个美好的爱情故事——俄国作家陀思妥耶夫斯基的《白夜》。内容如下：

在彼得堡郊区的小村里，有个姑娘深深陷入了爱情的痛苦，也可以说是思念的痛苦。她的父母早已去世，她与祖母生活在一起。祖母对她看管得很严，天天紧盯着她，唯恐自己一没注意，孙女被坏男人拐跑了。即使在这种情况下，爱情还是悄悄地发生了。有一个青年曾在她家里租住过，姑娘爱上了那个青年。青年很有抱负，需要去莫斯科深造一年。这一去可就没了音讯，姑娘觉得自己被骗了。就在此时，姑娘在河边遇到了一位孤独的幻想家。这位幻想家对姑娘的遭遇深为同情，经常安慰她，不久便意识到，自己不知不觉地爱上了她。

在他们相见的第四天，幻想家向姑娘倾吐了他对她的爱意。

姑娘感动得热泪盈眶，旋而低下头双手掩面哭泣。幻想家

许多优秀的文学作品将高潮作为情节的转折点。

的内心也十分激动，耐心地期待姑娘抬起头，对他作出接受他的爱意的表示。

最后，姑娘停止了哭泣，说出了幻想家想要的答案。

但就在他们一起谋划未来的时候，情况发生了变化。作者在这关键时刻，对姑娘的动作变化有几行描写……

接下来发生了什么事，请诸位展开你们的想象。

我的提示是，这时已快到了原作品的结尾，而原作品的结尾是非常温暖的，因为温暖而十分美好。

我希望大家不要到网上去寻找原作。这个故事是我在初中一年级时偶然读到的，将近五十年过去了，我也很少从别的书中见到过《白夜》。你们若是不动脑筋测试一下自己的想象力便去看原作，便枉费了我的一片苦心。

尝试在续写中表现人性

下一个故事要简单多了：不是在英国便是在法国，也还是一个小城里的一家首饰店——比前边讲到的那家首饰店大得多——就要关门了，最后一个店员，是一位姑娘，正准备离开。

这时，一位绅士模样的男子走进来。他彬彬有礼地对姑娘说，他的女儿就要出嫁了，作为父亲，他希望买一件上好的首饰送给自己的女儿，他女儿的年龄与姑娘的年龄也许一样大呢！可是他去了几家首饰店，看了许多件首饰，竟没有一件令自己满意的，所以来到了这里。他说得有几分沮丧，似乎并不抱太大的希望。

姑娘是个热心肠的人，更何况是一位父亲要买首饰给即将出嫁的女儿作礼物，这样的事她怎么能不帮忙呢？

于是姑娘向他推荐起首饰来。

可那位绅士最终还是没能选到一件令自己满意的首饰。

当他谢过姑娘转身向门口走去时，姑娘才发现，柜台里少了两件上好的首饰！

顿时，姑娘明白了，那两件首饰肯定已经在"绅士"的衣袋里了。

姑娘抢前一步，拦在门口，同样彬彬有礼、真情流露地说了一番话，居然使"绅士"把偷偷放进兜里的那两件没带出门的首饰交还给了姑娘。

同学们想想看，那姑娘说了番什么话？

最后一个小故事，内容也很简单：

有这么一个姑娘，大学毕业前遭遇了一次车祸，留下了后遗症——只要精神一紧张，心理压力一大，双耳就会暂时失聪，几乎处于全聋状态。精神不紧张、没什么心理压力的时候就没事。尽管如此，大学毕业后择业时，她还是四处碰壁。

经过一番曲折，她终于找到了一份在某报社当资料管理员的工作。她介绍自己情况时的诚实态度感动了负责面试的报社的人。她成为报社一员以后，各部门的同事也都对她很友好，甚至可以说敬意有加——因为她诚实的品质。

然而某日，记者们为了抢发一条要闻，纷纷找到她调阅资料。她精神一紧张，双耳又失聪了。

结果可想而知：本该自己报社整版刊登的要闻，被别的报社捷足先登了。同事们的一切工作也全没了意义。

姑娘内疚极了。

但不久，她的内疚便转化为愤怒。她敏感地觉察到，从各部门负责人到所有的同事，对她的态度似乎全都变得虚情假意了。最让她生气的是，以往周六晚上在会议室举行的派对，也没有一个人叫上她了。

又到了周六，几乎全报社的人都往会议室去了，还是没人叫上她。她独自留在资料室里，越想越气。同事们怎么可以因为那么一件她自己最不愿意发生的事集体收回了对她的友爱？人怎么可以这样？

她带着怨气去了会议室，一把将门推开。她本想对所有的人谴责一番之后辞职，但是眼前的情形却令她呆立在门口，双眼充满泪水……

大家想想，她看到了什么情形？

我想，通过以上多则故事梗概，大家对叙事文的宗旨定会有进一步的认同，作文时估计也就会克服只写事之始末、忽视

通往同一种结局的情节路线有很多条，大胆想象，充实作文情节内容。

人的表现的通病。

"故事"者，已过事也。世上本无事；一切事，因人而始。"事"之因果，人之言行因果而已。叙事之文，绝不可以也不可能记事不记人。少了人的因素，诸事不谓"事"也。而叙事之文的意义，乃相对于人的意义，即"前事不忘，后事之师"。不可为之"前事"，乃后世之警诫和教训；令人感动起敬意之事，后世之人性功课耳。世上一概叙事之文，除了间接传播知识、呈现自然美境那一部分，其他皆为人性在世上的表现而作，当然包括我们所希望的理想的种种表现。

通过以上故事梗概进行"改造"的训练，乃是为了使我们的感性脑区成为想象力极其丰富的储存器、生产流水线和转化车间。具有这样的头脑的人，不仅在任何行业中都能充分发挥创造力，而且其心灵的纯度和人性的高度也会在创造性思维的过程中得到提升。

通过对故事的"改造"和续写，同学们会丰富想象力，提高创造性思维。

第八章

议论文怎样议、怎样论？

议论文是中学生作文的常见文体。写议论文时，应当以宽容、多元的态度对题目进行议论，恰当引用论据。夹叙夹议的议论文读起来更生动，但要注意叙事的内容不宜过多。在写应试作文时，要谨慎选择观点与立场。

议论文首先要有正确的思想

同学们，初中二年级以后，你们作文题目中议论文的比例会多起来。你们初中升高中、高中升大学时的考试文题，或两道，或一道。若两道，便可能是叙事文与议论文各一题，任选。若一道，则议论文的可能性较大。特别是高考文题，多为议论文。

为什么你们从小学到高中所习写的大都是叙事文，高考时所出的文题反而是议论文呢？

这是因为，比之于议论文，叙事文的内容更加丰富多样。多样的内容，当然应以不同的眼光来看待，不同的尺度来评判，往往仁者见仁，智者见智，难有较统一的标准。阅卷老师们对一篇高考叙事作文的意见大相径庭的事经常发生。

议论文则不同。

在我是初中生的年代，议论文又叫说理文，也叫论说文。

同叙事文相比，议论文的题目更容易成为升学考试的文题

—— 169 ——

在古代则称议理文。概念没有什么区别，无非是论说自己对古今中外的人、事、理的观点。"事"也包括现象。故议论文的范围涉及面较广，虽然主要针对历史、社会内容，但有时还涉及自然科学。广则广矣，议论评说的依据，却要以"正确思想"为立场。在古代，"正确思想"是有限的，无非是"四书五经"等典籍中的基本内容。与其相背离的思想，每被视为"异端"。所以，评判一份议理文考卷的尺度也较明确、较容易掌握。

现当代的议论文，也主要是针对历史、社会内容而言的。杂文是从议论文中衍生出来的一种文体。比之于古代，现当代是思想多元的时代；然而再多元，正确的思想与不正确的思想也还是有区别的。所谓思想，大致可理解为指导人行为的意识。

我们都知道，人的某些行为是不好的，甚至是卑劣的、庸俗的、可憎的。促使人有那样一些行为的意识，当然是不可以被鼓励和提倡的。

在现当代社会中，所谓"正确思想"，其实首先是以排除法来树立的，即排除那些我们人人皆知的不正确思想。其他多元的思想，都有可能属于正确思想的范畴。

所以，中考也罢，高考也罢，阅卷老师评判一份考生的作文卷时，首先采用的也是排除法，即看此作文是否有为众所周知的不正确思想辩护之嫌。若其认为有，那么该考生一定难逃低分厄运。

初中生也罢，高中生也罢，写升学考试作文时，个个都不敢掉以轻心，一般是不会将不正确的思想当成正确思想议来论去的。果真如此，便是犯了低级错误。

关于所谓"思想"的一个真相乃是：不正确的思想是相似的，诸如引人损人利己、损公肥私、鲜廉寡耻、巧取豪夺等的思想，核心便是"人不为己，天诛地灭"。换一种说法就是，"悠悠万事，我私独大"，别的一概无足轻重，甚而可视为不存在。

正确的思想并不等于唯一正确的思想。"唯一正确"不符合正确的思想的概念。某种思想一旦被树立为"唯一正确"的思想，即使确实正确，也往往会成为不正确思想的牺牲品。

现代社会，是思想空前多元的社会，正确的思想便也空前多元起来。这类思想的特征是既带有新思维、新观点的"新"劲儿，又带有不同程度的片面性，甚至激烈性。然而就其本质来说，绝对不同于以"悠悠万事，我私独大"为核心的不正确的思想。它们各有各的正确。

下面让我们举例来说明。

应当客观地看待现代社会多元化的思想，不应偏激或过于自我。

议理与叙事相结合

同学们应该了解闻一多吧。闻一多当年十二三岁考清华时（正是你们现在的年龄），面对的作文考题是"多闻阙疑"。"阙疑"的意思是，对有疑虑的问题，暂不要急于下结论，不妨搁置一下。搁置不是束之高阁，再不理睬，而是要在深思熟虑之后作出决定，或表达出态度、观点。这样所作出的决定，所表达的态度、观点，才有可能较为全面、正确。

应该说，这是一道要求考生进行以下议论的文题：

"多闻阙疑"也是一种"理"，而且是绝大多数人都能够认同的"理"。即使是文化水平不高的人，也会明白这个道理。

我们经常听到某人这么劝别人："你也听到大家都说了那么多了（多闻），总之都是为你好，你自己再认真想一想，三思而行（阙疑）啊！"

那劝别人的话，叫"言"，不是"文"。

要将以上"理"写成"文"，如同劝告许多人。若写得好，就会被视为经典文章，世代流传，这文章的意义就大了。正因为如此，议论文又被视为议理文、说理文。但要将那一"理"议得利害透彻，说得人人点头称是，是不容易做到的。

古人写议论文总是引经据典。引经据典多了不好，会给人卖弄的感觉，往往被批评为"掉书袋"。

恰当地引用论据可以增强议论文的说理性。

但完全不"引"不"据"也不好。因为能"引"能"据"，善"引"善"据"，恰恰证明一个人对自己所"议"之"理"是有一些联想的。而联想丰富又证明一个人对所"议"之"理"拥有背后丰富的知识储存。

比如文题"多闻阙疑"四字，出于《论语·为政》——若没读过《论语》此篇，不知其典出于何处，那么起码暴露读得少的短板了。

叙事文一般显示不出考生的阅读量，议论文却能。

所以也可以这样说，高考议论文题若出得好，也是对考生们阅读量的一次"普查"。

若读得再多些，则会联想到"一犬吠形，百犬吠声""吠声者多，辨实者寡""传闻之事，恒多失实"之类的古语，"横看成岭侧成峰"这样的诗句，"三人成虎"这样的典故。

如果头脑中储存了一些与论题相关的知识，写起作文来下笔就会自信，引一两句于必要处，一定能增强文章的说理性。

叙事之文，几乎可以全无议论。有一些人甚至认为，在叙事文中夹叙夹议，并非是上乘之作的写法，相反，议论是对叙事文体的"破坏"。但也只不过是有些人这样认为而已，同学们大可不必当成写叙事文的金科玉律。

议论文往往会夹以叙事。若从始至终一味地说理，则会给读的人以夸夸其谈却并不生动的感觉。古文例外，因为古代的议论文习惯于借言物而议理，具有散文的特征。如北宋周敦颐的《爱莲说》，是优美散文与议理文（议论文）巧妙结合的范例。

鲁迅的杂文《我们现在怎样做父亲》《娜拉出走之后》《论雷峰塔的倒掉》《再论雷峰塔的倒掉》等，其"理"都是借事而议论、述说的。我前边讲过，杂文是议论文的一种。

夹叙夹议的论述方式可以使议论文更生动。

再比如"多闻阙疑"的文题，若由今日的我来作文，就很想将这样一则寓言写入文中——

父子二人牵驴过市，人讥曰："傻！有驴干吗不骑，非走得汗湿衣衫呢？"于是父亲将儿子抱上了驴背。结果又有人说："父亲牵着驴走而儿子骑在驴上，父亲如此娇惯儿子，将来那儿子能有什么出息呢？"父亲将儿子从驴背上抱下，自己骑了上去。还是有人看不惯，指着批评："这做父亲的太不应该了，大热的天，孩子都快走不动了，他倒骑在驴背上心安理得！"父亲只好让儿子也坐上来。不料，又有人说："这爷俩真狠心啊！两个人骑一头驴，这不分明要把驴累死吗？"那父亲偏不爱被人说长道短，最后将驴子四蹄捆了，与儿子吃力地抬着驴走，结果看到的人都笑得前仰后合，认为父子俩愚蠢至极。

这则寓言是对"多闻"而不知如何是好之人的漫画式写照。的确，"多闻"往往会使人乱了方寸。父亲回到家里想了一阵，便做了一架小驴车，以后父子出门，一同坐在车上赶着驴走——这是"阙疑"后的决定。这决定是明智的。

在议论文中加入这样一段叙事内容，可使干巴巴的议论活没一些。但所加内容的篇幅，以小于文章之半为好。否则，议论文就变成夹有议论的叙事文了。

议论文中的叙事内容不宜过多。

言之有理与言之有"礼"

仍以"多闻阙疑"为例。可不可以颠覆文题，写一篇只说理的议论文呢？

我认为也是可以的。

同一文题之下，作文的开头不妨这样写：

"多闻阙疑"，出自孔子之口。因为孔子在中国被奉为圣人，所以千百年来，这句话似乎成为至理名言了。然而本人对此至理名言，却每生出"阙疑"，并且不愿憋在心里。既然逢此文题，索性一吐为快。

本人认为，"多闻阙疑"实为慎言、慎行、寡尤、寡悔。孔子的谆谆教导，倘在从容不迫、事前充分务虚的情况下，本人是愿意虚心接受的。但若形势逼仄，时间紧迫，本人倒更主张经过审时度势之后，该怎样决定便怎样决定！一经决定，该怎样行动便怎样行动，以不复"多闻"，更不"阙疑"为上策。

辩驳某观点
之前，必须
对其有全面
了解。

看，如此写来，遂成一篇"多闻何必阙疑"的作文了。而第二段决定了，这将是一篇有保留性的否题议论文。

我们先来读读孔子的原话：

> 多闻阙疑，慎言其余，则寡尤；多见阙殆，慎行其余，则寡悔。

他的话是纯说理的话。其理在现实生活中具有经验性，所以是特别能说服人的理。

而要否定这样的话，就得想象自己是在与孔子辩论。有保留的否定也是否定呀，与孔子辩论更得以理服人哪！

让我们来打一个比方。我们好比是一个辩论团队，以孔子为首的是另一个辩论团队，辩题是"多闻阙疑"与"多闻何必阙疑"。而我方恰恰选中的是后一种观点。

孔子刚刚说完了他的"多闻阙疑"之理，该我方首席辩手发言了。这个言可怎么发好呢？

辩驳至理名
言时，不妨
以其他名言
做论据。

孔子的话肯定已使听众席上的许多人频频点头了。在现实生活中具有经验性嘛，许多人当然有同感喽！

假定我方的首席辩手是你，你将以怎样的"理"驳孔子呢？

给你支支招：不少著名的古人说过不少著名的古话，可破孔子的"多闻阙疑"之理。

如唐代的罗隐说：

— 176 —

时来天地皆同力，运去英雄不自由。

刘禹锡说：

时乎时乎，去不可邀，来不可逃。

汉代的桓宽说：

见机不遂者陨功。

《三国志·魏书·贾诩传》中也引用《九州春秋》的话：

夫难得而易失者时也，时至而不旋踵者机也，故圣人常顺时而动，智者必因机以发。

以上诸古人的话，强调的是"机"之宝贵，时不我待，正合了我方立论中"形势逼促，时间紧迫"的特定前提，这属于经验之谈，当然也是一种"理"。

孔子的"理"，未免有些优柔寡断；我方所据之"理"，主张当机立断。

事实上，两种"理"在不同前提下都言之有理。恰恰证明了我的观点：正确的思想，并不意味着是唯一正确的思想。在

在特定前提下，可以对至理名言提出不同观点。

不同的前提下，不同的观点各有各的正确。通过以上例子，你们已经看出，议论文基本分为两类，一类是"自说自话"式的议论，另一类是辩驳式的议论。

孔子关于"多闻阙疑"的"理"，分明是"自说自话"式的议理。他并不与什么人进行辩驳，只不过提出自己的一种思想见解。如此这般的议论文，文风大抵较为恳切，是一种心平气和的议论。

而我方所持"多闻何必阙疑"之"理"，则不可避免地是一种辩驳式的议论。客观上，孔子成了我方以理所驳之人。

亲爱的同学们，我要特别强调，写这样的议论文时，可以用某些幽默的、调侃的、不损伤对方自尊心的词句，而绝不可以气势汹汹，动辄攻击、侮辱。

以逼人之气势写此类议论文，将对方置于"论敌"之境，仿佛自己所持乃是"放之四海而皆准"的"唯一正确"的思想，"论敌"的思想百分百是谬论似的，若果真如此，自己先就在"理"上失之偏颇了。对郑重表达思想之人（如孔子）的思想完全不必那样；对显然的谬论，又何必那样？

还来说我方所持的"多闻何必阙疑"之"理"。若一篇议论文议来议去，引经据典，句句意在批驳对方立场、思想、观点的非"理"，而忽视以逻辑严谨之法阐述自己的"理"言之成理，那么就几乎是在"打嘴仗"了。若还掺杂攻讦之词，按当下的说法，便是"口水仗"了。以这样的写法完成一篇文章是比较难的。勉强凑成文章，也难成一篇好的议论文。

须知"引经据典"四字，绝不仅仅是引名人名言那么简单。古代"经"与"典"中，有许多精妙的故事。精妙的故事具有超越文本本身的寓理性。故"引经据典"四字，也意味着通过精妙的故事、寓言来阐述自己之"理"。

急切地批驳别人之"理"的"非理"，并不能说明自己之"理"的正确。要说明自己之"理"的正确，非在"自证"方面动脑筋不可。引用名人名言有利于"自证"。如果故事不是引用的，而是从自己的生活中提炼所成，且较为精妙，那就好上加好了。

比如那个《父子和驴》的故事，既可证明"多闻阙疑"之"理"的成立，其实也可以反过来证明"多闻何必阙疑"之"理"的成立。

反过来怎么证明呢？

须加以"改造"。

怎么"改造"呢？

可以有三种"改造"思路：

那是一头有孕的母驴子，父子出于爱心，不肯骑着它——"多闻"既不"存疑"，也大可不必理会，只管走自己的路，让别人说去。

那是一头性情顽劣的驴子，而父亲是调教驴子的行家里手，骑着它是为了一路对它进行调教——也只管骑着，让别人说去，

> 生活中遇到的事也可以提炼成论据，引用到议论文中。

> 以开放的态度来看待所要辩驳的观点，可以使议论文的论辩更从容、有力。

不为众说纷纭而困扰。

儿子十分胆小，父亲有意训练儿子的胆量，所以让儿子骑着它——对于不解之人的七言八语，不必解释，也只管走自己的路。

即使我方在阐述自己之"理"的过程中引用了名人名言，还植入了故事，是否便足以说明孔子之"理"非理，唯我方之"理"才是"放之四海而皆准"的"理"呢？

我认为也不是那样。

一事当前，若非紧迫且必须立即拍板定夺之事，"多闻阙疑"便体现出一种不盲动的稳健之风，对人是有益的。以这样的态度面对学问，益处尤大，能避免草率行事或盲目作出结论。

而如果一事当前，或已在行动之中，而且此次行动几乎没有第二种选择（多见于军事行动），那么不但不能"多闻阙疑"，往往还不得不禁议。比如小说中的将帅，每以剑劈物，厉喝："敢再言者，便是此种下场！"

如前所述，我们与孔子的分歧，仅仅在于前提不同。某一前提之下，孔子的话言之有理。相反前提之下，我方言之有理。

议论文既属议理之文，以理服人当是原则。别人并非全错，就不能将别人推到全错的对立面，若抓住一点，不计其余，蛮横批驳，那就不是议论文，而是声讨文，是攻击文了。

自己并非全对，只不过在另一前提之下较对，那也要写明，

议论文应该设定议理前提，行文风格也应该尽量客观、包容。

己所阐述之"理"，是另一前提之下的"理"，也是有局限性的"理"。对他者所言之理与对自己所言之理持同样客观的态度，这样的议论文首先在文风方面便可圈可点。

第九章

"费脑筋"的议论文

议论的意义在于总结形成"天理""法理"和许许多多一般性道理。写议论文可以使感性脑区和理性脑区更好地协同合作。同学们结合议论文题，经常进行思辨练习，看待问题和复杂的社会现象时会更全面、更理性。

论点要正确，论证要全面

我在大学里是不教写作课的，只教评论方法，并且从不以自己的作品为例。但为了能使你们较容易地理解我对中学生写作议论文的看法，下面提供两篇我发表过的文章供大家参考。它们都具有明显的议论特征。

写作这两篇文章的缘起是，由于身边某事，我想起来多年前一位在校硕士研究生为救一位落水的老人而牺牲，曾在社会上引起一场"值得还是不值得"的论辩。

第一篇《冰冷的理念》，部分段落摘录如下：

事实上，我是一个非常崇尚理念思维的人。依我想来，理念乃相对于激情的一种定力。当激情如骏马狂奔，如江河决堤，而理念起到及时又奏效的掣肘作用的时候，它显得那么难能可贵，甚至那么俊美。

……

一种我不太能料想得到的观点是：一名硕士生，为救一位老人而冒生命危险，难道是值得的吗？那位老人即使获救，还能再活几年呢？他对社会还能有些什么贡献呢？他不已经是一个行将寿终正寝的"自然消费"人了吗？这样的一位老人的生命，与植物人的生命有什么区别呢？其生命价值，究竟在哪一点上高过一草一石呢？而一名硕士生，他的生命价值是多么的宝贵！何况当年中国的硕士生并不像今天这么多！他也许由一名硕士而成为博士，成为博士后，甚至教授或专家学者，那么他对中国甚至对世界的贡献，不是很难预估吗？更何况他的生命还会演绎出多姿多彩的爱情哦！而那位老人的生命再延长几十年也显然是黯淡无光的啊！

这分明是一种相当"理念"的观点。这一种相当"理念"的观点，当年在大学里代表了多数学子们的观点。

你简直不能说这一种观点不对。

但正是从那时起，我感觉到这种"理念"至上逻辑思考方法的冰冷和傲慢……

于是当年又有另一种观点介入讨论。

这另一种观点是：如果那名硕士生救的并非一位老人，而是一个孩子，也许就比较值得了吧？

虽然这是一种缺乏自信的、希望回避正面辩论达到折中目的的观点，但这一种折中的观点，当年同样遭到了"义正词严"地驳斥：

如果那个孩子是个智障者呢？

那个孩子将来一定能考上大学吗？如果考不上，他不过是芸芸众生中一个平庸之人。以一名硕士研究生的生命换一个平庸之人的生命，是不是对更宝贵的生命的白白浪费呢？即使那个孩子将来考上大学了，考上的肯定会是一所名牌大学吗？肯定会接着考得硕士学位吗？再假设，如果那个孩子长大后堕落成罪犯呢？谁敢断言没有这一种可能性？

……当年我便隐隐地感到，那次激烈的讨论和辩论，显然与当年的中国人，尤其青年人，尤其当年的大学生对人性的理念认识有关。翻一翻我们的祖先留下的五千余年的思想遗产，对类似话题的讨论和辩论，即使在我们祖先中的哲人之间，似乎也是从来没涉及的。就是在世界的思想史中，也鲜有对类似话题的讨论。

……

倘硕士研究生所救是他老父，世人还会在他死后喋喋不休地评说"值得"与"不值得"吗？倘他所救是他的幼弟，世人还会在他死后假设那被救的孩子长大了会成为罪犯吗？那么，何以只因他所救的是陌生人，在他死后，"值得"与"不值得"的讨论、这样那样的假设就产生了呢？一针见血地说，这显现了人类理念意识中虚伪而又丑陋的一面，即：我不愿那么做的，便是不值得那么做的；别人做了，便是别人的愚不可及，即使死了，也是毫无意义的死。并且，只有将这一种观点推广为不容置疑的观点，我的"不愿""不能"，才进而有资格成为"不屑"。无论什么事，一旦被人不屑地对待，那事似乎就是蠢事了。于是，倒反映出了不屑者的理念定力和清醒。

我敢说，这个世界上，自从"人性"二字被人类从生活中归纳出来至今，从顽童到智叟，从男人到女人，除了在当代中国人之间，类似话题在其他国家仿佛没有被那么严肃认真地、煞有介事地讨论过，更没有被辩论过。

讨论和辩论发生在当代中国，是非常耐中国人寻味的。而这正是我们中国人抱怨人世变冷了的原因。

……

"二战"时期，有这么一位美国母亲，她的四个儿子都上了前线。而在同一天里，她收到了三个儿子的阵亡通知书。斯时第四个儿子正在诺曼底登陆战役行动中，生死显然难料。如果第四个儿子也阵亡了，谁还能硬起心肠向那位母亲送交第四份阵亡通知书？于是此事逐级上报，迅速送达到作战总指挥部的将领那里。于是一支战斗力极强的八人营救队成立了——唯一的任务是不惜任何代价将那位母亲的第四个儿子活着带回美国。当然，这场营救行动，那位母亲并不知情。营救队一路浴血奋战，个个舍生忘死地扑到了诺曼底前线，终于找到了他们的"目标"。当那名战士明白了这一切，他宁肯战死也决不离开战场，于是营救队陪他作战到底。当最终这名战士回国时，八个人的团队仅剩下两个人了……

这就是由斯皮尔伯格执导的战争影片《拯救大兵瑞恩》。

牺牲那么多士兵的生命只为救另一名士兵，这值得吗？

问题一被如此"理念"地提出，事情本身和一切艺术创作的冲动，似乎顿时变得荒唐。

……

比如将"优胜劣汰"这一商业术语和竞争原则推行到社会学科的思想领域中去。一件产品既劣，销毁便是。但视一个人为"劣"的标准由谁来定、由何而定呢？一个生存竞争能力相对较弱的人，就该被视为一个"劣"的人吗？这种标准若是老板们定出来，他人自然无话可说，但是要变为时代意识是否可怕呢？接着的问题是，在一个十几亿人口的国家里，究竟能采取多么高明的方式"汰"掉为数不少的"劣"的同胞呢？"汰"到国界以外去？"汰"到地球以外去？幸而我们的国家并没有听取某些人士的"谏言"，我们的大多数同胞也没有接受此类"教诲"。所以我们才有国家层面上的"再就业工程""扶贫工程""希望工程"……

……

人救人之人性体现，是根本排斥什么"值得"与"不值得"的讨论和辩论的。

一头象落入陷阱，许多象必围绕四周，不是看，而是个个竭尽全力，企图用鼻将同类拉出，直至牙断鼻伤还恋恋不忍散去。此兽性之本能。

人性高于兽性，恰在于人将本能的行为靠文明的营养上升为意识的主动。

倘某一理念是与此意识相反的，那么实际上也是与人性相悖的，不但冰冷，而且丑陋。

人性永远拒绝这一种"理念"的合理性。

愿中国人再也不讨论和辩论人救人"值得不值得"这一可耻的话题。

人性之光，正是在此前提之下，才是全人类心灵中最美最神圣的光耀。其美和神圣在于，你根本不必思考，只要永远肃然地、虔诚地"迷信"它的美和神圣就是了。

愿当代中国人尊重全人类这一种高贵的"迷信"。

也许你们感受到了，《冰冷的理念》一文辩论性很强。

当年我的确认为，人的生命不该以是否受过高等教育以及社会地位之高低来区分贵贱。若以这种标准来考虑是否施救落于险境的同类，若这种考虑竟还成为社会之"理"，那么人道主义就没有为人类社会所信奉的必要了，而那样的社会也不是文明进步的社会。

当年的我认为，这是关乎我们的社会将是一个怎样的社会的大是大非的问题，于是便就此问题写了这篇文章。

如今我的观点也还是不变的。

这篇文章对那种认为硕士研究生为救老人而牺牲了自己很不值得的观点进行了反驳，但这只是在"施救对还是错"这一层面上的"议理"。

一名硕士研究生为救一位老人而失去了自己的生命这件事，自然会令许多人感到心疼和惋惜。即使现今把这件事放到网上讨论，肯定也还会有"值得"与"不值得"两种截然不同的观点。仅以"大道理"来阐述"值得"，批驳"不值得论"，有"占领道德制高点"而振振有词、理直气壮之嫌。"理"虽占全了，却不能深入到人内心里去。因为细细想来，除少部分人持生命确实有贵贱之分的观点之外，大部分持"不值得论"者，只不过是因年轻生命的逝去而感到格外痛心而已。考虑到这点，后来我又写了第二篇：《再谈"冰冷的理念"》。这篇"再谈"便不再议论事件本身"值不值得"，而主要强调

生死面前，众生平等。

营救方法了。营救不能凭一时的热血和冲动，当以"智救"为上策。然而，有时现场情况不容人多思多想，故"智救"是有前提的。

加上第二篇，道理是否便论说得全面了呢？

仍不够全面。

未成年人如果遇到他人陷于险境、急需救援的情况，该如何做呢？

这一点因具体事件前提的不同而不同，不可一概而论。

我的总体观点是，于险境之中救人，需要超常的体能和智力，所以对单独实施营救或参与营救的未成年人而言，一定要量力而行。未成年人应以迅速呼救或协助营救为宜。

开动脑筋，力争论述更全面。

为了使自己所论之"理"更全面一些，我又将以上观点单独写了一篇，用另一个题目发表了。

综上所述，同学们应已有所感觉：写一篇好的议论文和写一篇好的叙事文相比，两者之间即使不能说前者更难，也可以说前者与后者是同样费脑筋的。

"费脑筋"是民间俗语，指某些事要做得令自己及别人满意，需开动脑筋，左思右想，力争想得全面一些。

实际上，作文这件事，不论叙事文还是议论文，绝不会因为使中学生们的"脑筋"太"费"而"费"坏了。恰恰相反，这种"费"是理性脑区与感性脑区的相互磨合，越磨合人越聪明。

议论文与叙事文相比较，前者的难点在于，你自以为已将所议之"理"议得面面俱到了，别人往往还是能从某一角度对你所议之"理"提出疑问。这些疑问有时是断章取义的，有时却不无道理，使你不得不承认，没想到某些"理"居然还可以从那么一种你从没想到过的角度来看。别说一篇中学生作文或一篇职业写作者的文章了，即便是一部厚厚的哲学书、一套哲学体系，也照样会因所述之"理"不全面而受质疑——我们又都知道的，哲学家可是最善于说理的人！

真理愈辩愈明

一篇叙事文通常不会有这样的"下场"。叙事文的难点在于，你笔下的人和事在别人看来真的值得一写吗？对中学生来说，就是在别的中学生们看来真的值得一写吗？如果你认为某位同学写在叙事文中的人和事，从来都不能使你读之心动，或羡慕他的文笔，或带给你愉悦，哪怕是一点点愉悦，那么你就应思考一下如何让你自己的作文让其他同学读之心动。不妨将以上要求作为写叙事文时的自我要求。实际情况是，有以上自我要求的中学生是不多的。所以我认为，作文这件事，就提高你们感性审美能力和理性思辨能力的水平来说，是不尽如人意的。

作文这件事若没有对标准的自我要求，不论写过多少，也只能提高写字水平罢了，对提高作文真实水平是没有多大意义的。据我所知，大多数初中生、高中生，实际上正是没有什么自我标准之要求地一路写过来的。

议论文写作的意义

亲爱的同学们，对于叙事文，我们已经讨论得比较多了；而对于议论文，诸位不要因为我前边谈到了那些难点，就知难而退了。

实际上，读者对议论文是相当宽容的。因为大部分人都明白，世上之事千般百种，世上之"理"也千条万条，即使表面看属于同一类的事，仅仅由于前提的细微不同，或过程中情节的区别，其"理"也便不同。

好比法官处理案件，不同性质的案件，要依据不同的法律来审判。同一性质的案件，还要因情节的不同而从不同的法律立场来看待。

民间常把某恶人的恶行形容为"天理难容"。那"天理"是怎么形成的呢？是由许许多多以替人世间不断议理为己任的人士反复议成的。

法庭上常以"法理难容"来形容某恶人的恶行，那"法理"又是怎么形成的呢？是在所谓"天理"的基础上归纳而成的。

人类社会的形态越复杂，世上之事便越多样。随着时代的发展，旧的"理"渐渐不适用了，不够用了，逼着人们从头脑之中产生出新的"理"，用来丰富法律依据，用来回答我们在日常生活中遇到的种种困惑。

社会形态变化越快，人们的困惑就越多。而以议论文议理，是自我解惑的最好方法。目前还没有另外一种方法比此法更利于自我解惑。而具有自我解惑能力的人，定是不太容易被各种各样的困惑"绑架"——这正是议论文写作训练带给你们的大益处。若同时还能帮助别人解惑，何乐而不为呢？

我在最前边谈到过感性脑区与理性脑区的功能区别，而议论文写作，是促使感性脑区与理性脑区进行功能互动、作用磨合的最好方法。在我看来，目前还没有另外之法比此法更佳。

我将这种磨合比作汽车的磨合。刚出厂的汽车虽然崭新，开起来却并不在最良好的状态。如果你们家中有汽车，问问你们的爸爸妈妈，他们就会告诉你们，一辆汽车最良好的状态，是磨合阶段以后呈现的。你们的头脑也是这样。

到这一章的最后了，我给你们留一篇议论文作业，文题是"论一心想当将军的士兵"。提示：上世纪八十年代初，"不想当将军的士兵不是好士兵"这句据说是拿破仑在战场上当着士兵说过的话，在中国广为流传，成为中国人频繁引用的"名人名言"。你对这个观点怎么看？是赞同还是反对？为什么赞同，为什么反对？请把你所持的观点记下来，成为一篇文章吧。

经常进行思辨练习，是写好议论文的不二法门。

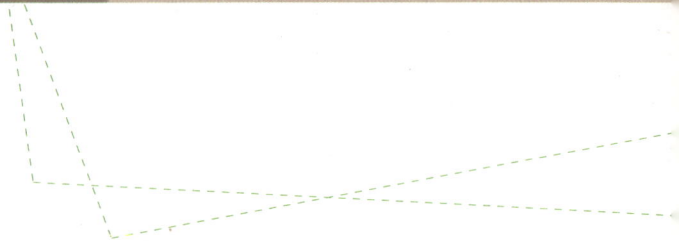

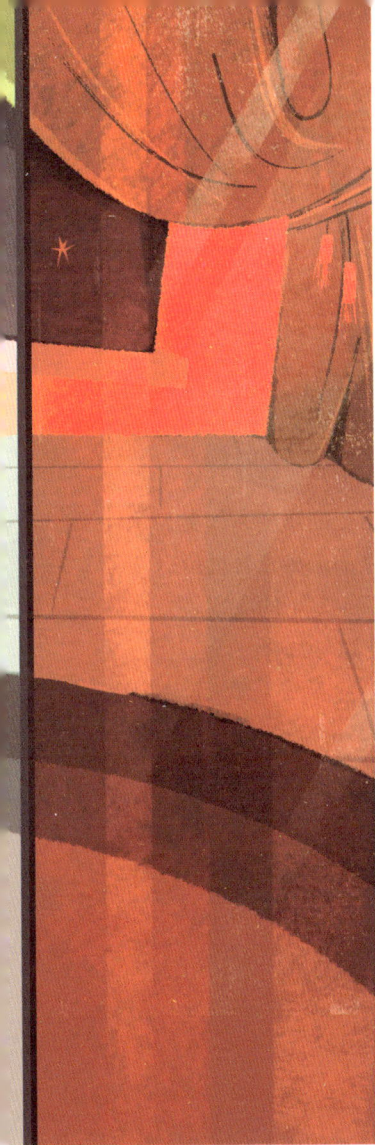

第十章

中学生应该懂得的道理与"道理"

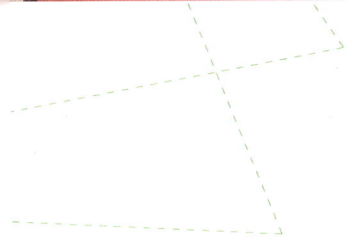

吸收有益的传统价值观念，中学生可以养成良好的行为习惯，写出的作文也会带有历史的厚度。作文的前提是做人，中学生应该在成年之前形成"普世价值观"。只有自身具有"普世价值观"，笔下的文字才会带有温度，形成的文章才会给人鼓舞与力量。

世代相传的"道理"

亲爱的同学们，我为什么要将本章标题中的第二个"道理"打上引号呢？

这是因为世上的"道理"真的是越来越多了。有的"道理"，在自身成"理"，并且其"理"在已获得较普遍认同的基础上进一步细化了、深化了，甚而诗性化了。它们的"理义"是一致的。也可以这么认为，化来化去，说的是同一个"道理"。同一个"道理"，有一种被较普遍认同的说法不就够了吗？为什么非要化出另外许多与这个"理义"大体一致的说法呢？这是因为，前人总是怕后人不再认同了，希望后人继续认同下去，并且希望后人传给后人的后人。世界各国都有人写过"家训"，而"家训"的主要内容，往往是上一代人传给下一代人，希望下一代人不但自己铭记，还要代代相传的"道理"。

孟子是同学们都知道的。他像孔子一样，为中国留下了不

"道理"千变万化，不离其宗。

少"道理"，有些"道理"至今仍对我们的社会人心具有影响力。

中国还有一位朱子，名叫朱用纯，是明末清初人。他写过一部《朱子家训》，后来流传甚广，对中国的社会人心也有过很深的影响。

> 中国传统文化中的"道理"包含了丰富的人文元素。

黎明即起，洒扫庭除，要内外整洁；既昏便息，关锁门户，必亲自检点。

一粥一饭，当思来处不易；半丝半缕，恒念物力维艰。

宜未雨而绸缪，毋临渴而掘井。

自奉必须俭约，宴客切勿流连。

居身务期质朴，教子要有义方。

莫贪意外之财，莫饮过量之酒。

与肩挑贸易，毋占便宜；见穷苦亲邻，须加温恤。

见富贵而生谄容者，最可耻；遇贫穷而作骄态者，贱莫甚。

勿恃势力而凌逼孤寡，毋贪口腹而恣杀牲禽。

……

你们看，这样一些"道理"，对我们是不是会有积极影响呢？

答案是肯定的。

尤其"一粥一饭，当思来处不易""宜未雨而绸缪，毋临渴而掘井""居身务期质朴，教子要有义方""见穷苦亲邻，须加温恤"等，至今读来，仿佛仍是针对我们现实社会弊病的指摘。一部"家训"中的某些"道理"，其影响超出了家庭、家族，在一个比较漫长的历史时期内几成一国之"国训"，这意味着什么呢？

这意味着，这些"道理"不同程度地包含了人文元素。

"人文"二字，也是现在极频繁出现的词。但究竟什么是"人文"呢？

做吸收"普世价值观"的"碳棒"

对"普世价值"的解释，同学们如果有兴趣，到网上去搜索一下的话，估计不费吹灰之力就可以搜索到很多条。

世上某些词的词义，原本是简单明白的，但一经被归入某类学科中去，就成了"学科概念"，或起码被蒙上了学科色彩。被蒙上了学科色彩后，某些有学问或自认为有学问的人士，便喜欢争执谁的诠释更正确、更权威。如此一来，某些词义也就概念多多了，结果明明简单明了的词义，反而复杂了，变得说

要树立普世价值观，首先要理解普世价值观。

不清了似的。既已说不清，便索性不搞明白算了，反正大家都在说，权当人人早已明白。

亲爱的同学们，我是没什么学问可言的，所以我不是学问家。我希望你们也能够谦虚一点儿，勿自认为是小学问家。

那么好了，我不是学问家，你们也不是学问家，我们不是学问家的人，该怎么理解"人文"二字呢？

我有一种理解供你们参考："人文"就是为使人类社会更加文明而以文化之方式"化"人心的现象。

社会的文明是以每一个人的文明程度为前提的。当文化"化"人心取得较大成功，另一个概念"普世价值"随之产生。

"普世价值"又是什么意思呢？

"普世价值"也可以理解为"普适价值"，即只要在有人的地方，哪怕只有三五人，都应被遵循的行事原则。

那不就成了"放之四海而皆准"了吗？

是的，可以这么认为。

嘘……

有的同学在嘀咕："哎，你自相矛盾了吧？我记得你自己明明在前边说过，世界上并没有什么'放之四海而皆准'的'道理'呀！"

不错，我的确那么说过。

但我提醒大家，我那么说的是"道理"，而非"普世价值"。

也如我前边所说，世上的"道理"很多很多，"普世价值"

是"道理"中的"硬道理",是"道理"中的"首理"。够得上"首理"的"道理",古今中外也就那么几条。如果一个人的心从不曾真的为那几条"硬道理"所"化",或表面上装出被"化"了的样子,那么他或她实际上是一个没有"普世价值观"的人。这样的人,即使在另外许多"道理"方面深谙善用,本质上也仍是一个不可信赖甚至需要防范之人。

但是在你们"中学纪"同学之间,我希望大家别动辄给人扣上"没有普世价值观"的帽子。谁也不是天生具有"普世价值观"的人。我们的"普世价值观"都是后天为文化所"化"的结果,只不过有的人被"化"得早些,有的人被"化"得晚些。你们都正处在为文化所"化"的年龄,不是为这样的文化所"化",便是为那样的文化所"化"。自从人类社会形成了文化,不论贫富,每个人的一生都是为文化所"化"的一生,连没接受过基础教育的人也不例外。因为文化不只在书籍中、课堂上和学校里,文化像细菌,对人体有益的或有害的细菌几乎无处不在。

包括中国在内,现今世界上到处充斥着娱乐文化,而娱乐文化又是传播最迅速、最泛滥的文化形式之一。你们都是互联网时代出生的孩子,从你们两三岁起,实际上就已经处在娱乐文化的包围之中了。你们像一根根碳棒,每天吸收着以娱乐文化为主的形形色色的消费文化,这些文化的思想价值和精神营养极其有限,但因传播广,你们想不吸收都很难。

普世价值观最好在成年前形成。

在消费的文化中，有一些概念只不过涉及了一些伪"道理"，真正的道理涉及较少，更不要谈什么"普世价值"了！所以我要你们不要歧视别人，你们的"普世价值观"还在形成中，都还没有形成。没有点儿悟性，就不可能善于寻找并亲近好文化；没有好文化的影响，"普世价值观"也很难自然而然地形成。我认为，一个人形成"普世价值观"最好在"初中纪"和"高中纪"，也就是说，你们现在应该有意识地培养自己的"普世价值观"。在大学校园里，没有"普世价值观"的学子也有不少，这尤其让人觉得心痛。然而，成为大学生之后再确立"普世价值观"，比在"中学纪"难多了。因为中学生这根"碳棒"的吸收孔基本上没被堵塞，而大学生这根"碳棒"由于日复一日地被娱乐文化反复地"化"，吸收孔已不同程度地被娱乐文化中各种各样的杂质堵塞了。

大学生应是"普世价值观"的传播者，而不再仅仅是学习者。

世界上的一流大学并不担负以"普世价值观"教化学子的教育使命。

世界上的一流大学（这里主要指人文学科）担负的是更高级、也更重要的教育使命，即怎样将具备"普世价值观"的文化传播出去，教化更多的人。

如果一个人侥幸以高分考入了一流大学，学的恰恰又是人文学科，而其本人又恰恰并没形成"普世价值观"，那你们说，大学该拿这样的人文学科学生如何是好呢？要么老师等于是在对牛弹琴，要么该学生认为老师是牛。

可能有同学又在嘀咕了："说些什么呀！一会儿道理，一会儿'道理'，一会儿'普世价值观'，这些与怎么写好作文有什么关系？"

我说："在嘀咕着的你们，少安毋躁！"

我以上讲的内容很重要。

我相信，在当下中国，只有极少的人对中学生讲过我讲的这些。

将你们当成心肝宝贝的爸爸妈妈，估计也很少会讲我讲的这些。

请你们耐心点儿，仔细体会一下。

我讲的内容不但与写好作文关系密切，而且与你们将来成为怎样的人关系尤其密切。

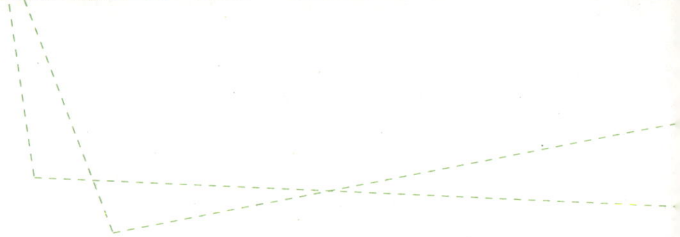

第十一章

好品德出好作文

人道主义、公平和自由是为文、为人的"大道理"。完整的公平意识既是"为自己"也是"替别人"，而对父母公平是建立公平意识的第一步。自由不是为所欲为，有人文主义价值观、人道主义精神的人才是真正自由的人。

好"道理"催生好习惯

让我们仍以《朱子家训》为例。这些"家训",不乏好的道理,却也有偏颇之见。某些经验之谈,明显表达了对女性的歧视以及"世事乖张,少说为妙"的明哲保身"哲学"。我之所以举"家训"为例,并非我多么推崇它,只不过以"家训"为例,比较容易说清我想使你们明白的要点。

"黎明即起,洒扫庭除,要内外整洁",这样固然可以养成良好的习惯,但现今的城里人家,几户还有所谓的"庭"呢?有较宽敞的"厅"就不错了。至于"外",一般属于公共空间,有保洁工负责打扫。不往公共空间乱丢垃圾或堆放杂物,就算挺有公德了。即使在农村,农民们"黎明即起",也大多并不会第一时间"洒扫庭除",而是惜时地下地干活,或去赶早集。所以,如朱子所言的良好"家训"的首条,尽管是好"道理",但只适用于他生活的那种古代"生员"之家,对现今从城市到农村的人家来说，都是已经过时的"道理"。同样意在教人养成良好习惯的"道理"，《弟子规》中也教诲得特别具体，如"父母呼，应勿缓；父母命，行勿懒；父母教，须敬听；父母责，须顺承""路遇长，疾趋揖；长无言，退恭立""步从容，立端正""缓揭帘，勿有声；宽转弯，勿触棱""执虚器，如执盈；入虚室，如有人"……这些对少年人的要求训条，出发点是极好的；倘一名少年面面俱到地做到了，的确可谓少年楷模；对培养少年的良好习惯，这些"道理"显而易见是有益的。要对父母有敬畏，要对长者有礼貌；要坐有坐相，站有站相；行动不要毛手毛脚，谨防磕碰……这些怎么不是好"道理"呢？

如是一些讲给少年听的"道理"，在我这儿是要括上引号的。为什么呢？我承认那些教诲的出发点是好的，但同时认为，少年做不到也无可厚非，大可不必苛求你们非做到不可。

这些要求未免太面面俱到了，也未免太高了。现在的你们，从小到大，在爷爷奶奶、姥爷姥姥、爸爸妈妈等亲人和朋友的宠爱下长大，他们对你们的行为习惯和礼貌教养有要求，但也会选择宽容和担待——如果只是一件习惯上的小事，没必要严惩指责，倒是以尊重你们的意见为主。

我暂且称呼此为"兼容并包"。所以，有一些"道理"即使明明是对的，对你们养成良好习惯是有益的，可你们暂时做不到，我也不会诘难你们，一向取任凭你们的个性自由发展的态度。我不怎么担心，一个少年因为做不到这些日常行为习惯

"道理"对中学生人格养成有重要影响。

上的要求，就注定将变成坏青年，进而以后注定变成坏人。人生挺长，好习惯以后仍有机会养成，坏毛病以后仍有环境帮助克服。

所以，那样一些明明是对的，你们中学生尚不太愿意认同的"道理"，我便加上引号，认为是你们在"中学纪"可以接受也可以暂不接受的初级之"理"。

但另外一些不加引号的道理，则是我希望你们，坦率地说，是我想要求你们接受的，如"见富贵而生谄容者，最可耻，遇贫穷而作骄态者，贱莫甚""勿恃势而凌逼孤寡""狎昵恶少，久必受其累""轻听发言，安知非人之谮诉，当忍耐三思；因事相争，焉知非我之不是，须平心再想""人有喜庆不可生妒忌心；人有祸患不可生喜幸心"……

这样一些道理，对你们日后成长为怎样的人有本质上的影响。

好习惯可以逐渐养成，做人的道德要及早明白。

刺种"人文"的"牛痘"

有一次，我在课堂上与同学们共同观看一部外国经典人文电影。放映前，一同学忽站起，大声说："我不喜欢这类电影，可以不看吗？"

我问："看过了？"

答曰："没看过。但我从来不喜欢看这类电影。看电影对我来说只不过是娱乐，我喜欢看娱乐性强的电影，情节刺激的更好。"

人文素质教育并非可有可无。

我说："第一，这是两堂欣赏课，不是师生共同娱乐的九十分钟，你不要搞错了！第二，现在的你是大学生，而且是中文系大学生。我们欣赏这部电影之后，还要进行讨论。讨论之后，人人要交评论作业。评论能力是日后中文系学子的基本能力，你不看，怎么写评论？训练你的评论能力是我的责任，也应是你的自觉。第三，作为中文系学子，有些书是你必须读的，有些电影是你必须看的，人文素质是你毕业时必须具有的，而不能取决于你喜不喜欢读，喜不喜欢看。第四，你也可以选择不看，或者退选本门课程。"

实际上，我对学生的要求一向宽松，甚至可以说极为宽松——我从不点名，因为点名会浪费时间。我曾在课前分发糖果，允许学生口含糖果、伏在桌上听课，因为我认为中文的课就应该口品甜味，怎么坐着舒服怎么来听。我一学期只留两次作业，为的是在我这儿减少他们的作业压力。

但在原则问题上，我有时却又严肃得近于严厉。

"人文"不仅是知识，更应该是植根于中学生心里的文化意识。

我认为，中国的年轻一代急需补上人文文化这一国家文化课。

靠谁来补？

当然首先要靠全国各大学中文系输送向社会各行各业的学子。他们应该成为中国人文文化的种子。

而我们面对的一届又一届大学中文系新生，不少人仍缺乏对人文文化的基本认知，以至于大学中文系教师要从人文文化的初级常识开始教起。

我认为"人文"二字对于大学中文系学子，首先是一种植根于心田的意识，而不仅仅是知识。这种意识也应该像种"牛痘"一样，在他们还是初中生时，就已"种"在他们的思想中了，这样才能保证他们将来不会生出垃圾文化的"天花"。而在他们的"大学纪"，师生共同讨论的应当是怎么更好地进行人文文化创作、评论和传播的问题。

所以，亲爱的同学们，我在这一章里讲了这么多，其实是希望将人文文化的"牛痘"较深地刺种在你们的思想中，使之成为你们的意识，使你们初中时就开始本能地亲近人文元素含量较高的文艺和文化，使你们高中时就基本具有在五花八门的文艺、文化潮流中发现人文文化、文艺的慧眼，使你们在大学时就具有促进人文文化、文艺繁荣发展的评论能力。而你们离开大学校园后，就将成为人文文化、文艺的种子了。

即使仅仅成为好文化、文艺的受众，你们也都是我所希望的种子。

摄影师的选择

曾是大学中文系学子的人后来居然成为垃圾文化、文艺的追捧者，好比医学院营养学专业的毕业生，后来成了专爱吃垃圾食品的人。这会使我这样的大学中文教师深感沮丧。

前边所举例子中的那些"道理"，你们大可不必引以为"训"。那些"道理"对一个人养成好习惯固然有益，但对一个人的本质影响不大。而那些不带引号的道理，对一个人的本性塑造则相当重要了，但我认为也还不是最为重要的。

最为重要的，涉及"普世价值观"形成的，又是些什么意识呢？

让我举例来说明。

残酷的战争是对人性的践踏与扼杀。

自从照相机诞生以来，照片对人类社会的信息传播作用极大。摄影机和电视机还没问世之前，对报道重大事件，比如自然灾害和战争给人类带来的重创，照片尤其是新闻照片带给读者的冲击比文字的报道不知要强烈多少倍。它对唤起人类的同情心，促进人类反对战争、拥护和平，起到过振聋发聩的作用。直至今日，它仍能起到这样的作用。因而人们对曾拍下那样一类照片的摄影家，一向给予崇高的荣誉以及深深的敬意。摄影家拍下那样一类照片，往往也是要冒生命危险的。

越南战争期间，一位美联社记者拍下了这样一张黑白照片：战机投下的燃烧弹夷平了一处越南村庄。村庄作为照片背景，燃着熊熊大火；而作为照片的前景，是几个惊恐万状的奔逃的孩子，有男孩，也有女孩。其中一个女孩，看上去八九岁，全身赤裸地往前奔跑——我估计她的衣服被烧着了，被她扯掉了。女孩张扬着双臂，跨着大步子，眼中充满无助的绝望。她大张着嘴，不停地哭喊，哀号……

这并不是摄影史上关于战争的最触目惊心的照片。

事实上，百年来，战地摄影家们留下了许许多多比这张照片更令人触目惊心的战地照片。面对那种种悲惨情形，摄影家们无法阻止惨剧发生，只能用照相机拍成照片来告诉世人，这世界曾经发生了什么。

但上面说的那张照片有一点不同，那就是当时的摄影家面临三种选择：

一、他根本顾不上拍下那张照片，即使他认为拍下那张照片对唤起世人反对战争的主张能起到特别重要的作用，他首先要做的也不是将镜头对准那个可怜的女孩连续按动快门，而是第一时间救治严重烧伤的女孩。

照片既然作为摄影作品面世了，证明摄影家当时作出的不是这种选择，而这种选择往往是本能的、下意识的反应，它战胜患得患失的理性思考根本不需要时间。

二、摄影家快速地拍下了自己面对的情形——那只不过是几秒钟之内就可完成的事，之后立刻将被烧伤的女孩送往医院。女孩得救了，世人也看到了那张照片。

对职业荣誉的追求不能凌驾于人性本能之上。

三、摄影家拍完当时的情形，转身而去，对女孩的遭遇视若不见。他一心只想拍到更有"价值"的照片，他认为"悠悠万事，唯此为大"。既然一张难得拍下的照片将起到反对战争的巨大作用，他觉得自己拍毕便转身而去没有什么不对。也许他心里还这么想：战争不是我发动的，燃烧弹不是我投下的；至于那个女孩，如果她不幸活活被烧死了，那只能算她倒霉。战争嘛，本来就是很残酷的啊！让她在另一个世界谴责和控诉应对她的死负责的人吧！

所谓"职业使命"有时会成为蒙蔽心灵的黑布。

不同的答案

亲爱的同学们，如果你们是那位摄影家，又会作出哪种选择？

你们不必急于回答，请先往下看，看我在小范围内调查的结果是怎样的。

我曾问过一些学龄前的孩子，他们众口一词，给出的选择几乎全部是第一种。对于第二种选择，他们给出的回答是："那也顾不上了呀！"

他们的回答可以说是下意识的、本能的。

我曾问过一些小学生，情况有了变化。多数同学选择第一种做法，他们的回答是："就算是前后仅差几秒钟的事，但能使那个女孩少受几秒钟的痛苦也好啊，火烧着了皮肤，多疼啊！"

也有少数同学选择第二种做法。他们认为，女孩不会在几秒钟之内因烧伤过重而死。照片也拍下了，女孩也得救了，应是更"没有什么损失"的做法。

我曾问过一些初中生，他们分成两派，选择第二种做法的同学比小学生多了。他们的理由也比小学生们多了一条：身为冒着炮火硝烟进行战地拍摄的记者，他有职业使命在身啊！其使命与女孩的生命一样，也是应该被理解、被尊重的。

我曾问过一些高中生，其中一名犹犹豫豫、吞吞吐吐地反问："如果是我，我会转身离开，或许某处又有更值得拍摄的场面。后来，如果有人指责我见死不救，我是不会服气的。我选择第三种做法是缘于敬业精神。当下敬业精神不也是一种很缺乏的精神吗？如果我表现出了敬业精神，为什么反而要受到指责呢？"

我问："如果你拿的不是照相机，而是摄像机，那么你会连连后退，边退边拍，直至自己认为拍得够长了，直至那个女孩痛苦地扑倒在地，甚至还会继续拍她倒地之后翻滚、扭动，直至不再动弹为止吗？"

他想了想之后回答："那要看我拍的内容有多重要了。"

我又问："你指的'有多重要'，是相对于人类社会而言，还是相对于自己的得失？"

他连想都不想了，立刻反问道："相对于人类社会而言，那是冠冕堂皇的大道理，我不强调那种大道理。但如果我作出的选择仅仅是出于个人得失的一种考虑，就可耻了？就犯法了？就罪该万死了？"

我问另外几名高中生怎么看。

有的说，每个人在任何情况之下都有作出任何选择的权利，个人自由是高于一切的。相对于更高的自由原则而言，道德原则是居于第二位的。虽然他再没多说什么，立场不言自明。

有的说，现在已经是一个价值极为多元的时代了。"存在即合理"，所以每一种价值观的存在都有其合理性，也都有其被尊重的正当权利。

我看出，也有好多同学分明不同意以上观点，但宁可保持沉默，也许怕争论会影响同学之间的友情，也许不知道该怎么反驳，只能沉默。

人性尺度不容讨论

我曾在大学课堂上谈到以上三种选择，请学生们进行讨论。没想到，他们讨论起来可比初中生和高中生之间的热烈多了。

可以这么说，在初中生和高中生之间，这个讨论并没真正展开过，只不过各说各话罢了。而在大学生之间，讨论才真的展开了。

更令我没想到的是，不但出现了明确表示选择第三种做法的学生，而且人数还不少，在二百多人中，约占四分之一，而且男女生都有。这使我暗自惊讶。为什么暗自惊讶呢？我原本想，女生比较感性化，心肠更软一些，不像男生那么过于理性，所以她们的表达也许更接近下意识和天性本能。但那天的事实告诉我，并不是我想的那样。而且，恰恰是那四分之一的学生，几乎每一个都据理力争，侃侃而谈。有的甚至还引经据典，上升到哲学的层面来进行滔滔不绝的"思辨"。

"个人自由是高于一切的""存在即合理""道德是什么？多数人的道德未必是真道德，少数人的道德未必不符合人性"等等。除了有些高中生表达过的观点，除了通过自己的"思辨"使那些观点更加立于不败之地，他们的"思辨"还涉及"什么是普世价值观""世界上真有普世价值观吗？""人类社会有法还不够吗？非得用'普世价值观'来进一步束缚人性吗？"等常识问题。

让我暗自欣慰的是，那一场讨论并非发生在我所任教的北京语言大学。在北京语言大学，起码在人文学院，那一场讨论是展开不了的，也就是说，几乎不会有同学主张第三种选择的"合理性"。因为多年以来，北京语言大学的人文学院一向坚持对新生进行"人文常识"补课。我们既然是"人文学院"，当

反人性的东西有时会戴着"人性化"的假面出现。

人类在人性问题上的基本判断是相同的。

然以培养学子树立"人文主义价值观"为己任啊！早该在初中时期就该牢牢确立的"人文主义"根基，学子们若缺乏，我们便只有在大学对他们进行补课。我们认为，不补上这一课，我们的文学课是没法讲好的，我们也不能解释清楚经典为什么会是经典、评论应以什么为尺度。

以上的讨论，仅仅是我们围绕"人文主义"这个话题展开的讨论，而现实世界中，有人用自己的生命为人性的叩问作出了回答。

一九九四年，因拍摄《饥饿的苏丹》而获美国普利策新闻奖的南非摄影师凯文·卡特自杀。

他获奖了，却受到了众人的批判：他虽然赶走了小女孩身后的秃鹫，却没有继续帮助她，人们并不知道那名女孩是否生存了下来。几个月后，他便在"人性何在"的谴责声浪中自杀了。

我认为，拍照时，凯文·卡特的灵魂挣扎于人与"人马"之间，但灵魂中的"人马"基因占了上风。

对他的谴责，乃是人类社会以人性的立场对"人马"性的谴责。

而他似乎想要以死证明，他在拍摄现场的挣扎虽然失败了，但"人"的灵魂后来还是从"人马"的躯体中挣脱了。

同学们不妨上网看看那幅照片，可以获得更多的详情。

而重要的是，我多么希望你们通过以上这两个例子明白以下几点：

一、虽然人类每每自称是"高级动物"，但人类社会毕竟不是动物世界。如果人类社会没有法律，那么将比动物世界更没有安全感可言。仅有法律还是不能称之为社会的，所以人类的大多数成员，还必须确立"普世"的也是"普适"的价值观。"普世价值观"既是法律的基础，也是法外之法，是每一个希望自己人性良好的人应遵循的行事原则。一个社会的好坏，最终取决于具有"普世价值观"的人的数量。

二、没有"人文主义"的思想主张，没有"人文文化"的反复熏陶，人类社会就不会形成什么"普世价值观"。如果社会中没有遵循"普世价值观"的多数人，这个社会连符合社会进步的法律也不会有，那么这个社会将毫无安全感，何谈幸福和自由？

三、如果人类社会并不确立人道主义原则，不将此原则放在一切其他原则之上，那么所谓"人文主义"便什么"主义"也不是。所谓"人文文化"，其实是"沙上文化"，泡沫泛得再多，水一浸，风一吹，也不过是海滩上的一片沙而已。

人道主义是"人文文化"的基石。

"人文"之文化，长久地、反复地"化"人心，一个人才能由"高级动物"的一分子变成"高级人类"的一分子。

这时的一个人，人道主义反应便是他本能的、下意识的反应，想不那么反应都难。因为人道主义已由精神而物质，而化作代代遗传的基因。

人道主义原则

"二战"期间，在某一处战地，美德两军陷入了阻击战的胶着状态。一名美军狙击手隐蔽在掩体后，他已经干掉了多个敌人。忽然有一个敌人从指挥所中出来，立刻被他枪上的准星瞄准了。只要他的手指轻轻扣一下扳机，敌人便会应声毙命。但他迟迟地没有扣动扳机。为什么呢？因为那个敌人在解手儿。

对于美军狙击手，那个敌人那一刻似乎已不是敌人，也许是一位母亲的儿子，也许是一个孩子的父亲，也许是一位女子的丈夫，也许是某些人的朋友……

美军狙击手的手指离开了扳机。

他想：这场战争已经死了太多的人，既然我可以决定少死一个，那就少死一个吧。

这不是小说情节，不是电影片段，而是真实的事情。对他放过了一个敌人的行为，战友们深感不解，他还因此受过军事法庭的审问，但法庭宣布他无罪。

或许有的同学也知道，在"二战"期间，德国的某些高级将领曾企图除掉希特勒。他们达成的共识有诸条，其中一条就是，最高统帅完全疯了！他不但使德国，也使这个世界死去太多的人了！

而在审判"二战"罪犯的国际法庭上，不论对日本的还是德国的战争罪犯，人们都控诉过一项共同之罪：危害人类罪。

他们不但发动了对人类造成巨大危害的战争，而且以践踏人道主义原则的冷血方式进行战争。

或许有的同学还知道，在"一战"前的俄法战争中，法军败得很惨，拿破仑率残部溃退之前，给俄军元帅库图佐夫留下了一封亲笔信，信中恳求：请看在上帝分上，千万不要视我的士兵的生命如粪土……

库图佐夫遂向俄军下令：绝不许滥杀或虐待法军俘虏。

在人类社会中，战争至今难以避免。

而战争一旦发生，人道主义往往面临严峻考验。

在战争中，人道主义不是万能的。

但在战争中，没有了人道主义原则的秉持，战争将更加血腥。

"人马"与人的第一区别，便是对人道主义这一"普世价值观"的忽视与信守。

而现代人如果真想为人道主义所"化"，其实不必经历什么痛苦，只要愿意秉持人道主义信念，便已经开始被"化"了。

亲爱的同学们，你们愿意吗？

公平与平等

人作为人，出生后大脑形成的第一种可称之为思想的意识，不是别的，乃是公平意识。科学家早已证明，人从两岁起，就会对公平与不公平作出愉快或不愉快的反应。三岁，则会对涉及自身的显失公平的事作出抗议式的表达。比如幼儿园阿姨在分糖果时，在进行批评与表扬时，如果对某个孩子显失公平，多次以后，那个孩子的心理会受到不良影响，会憎恨阿姨，也往往会敌视甚至攻击被不当庇护与宠爱的孩子。科学家又证明，连大猩猩、猴子、猫和狗也具有公平意识，如果经常受到不公平对待，它们同样会形成不良性格。

既然公平是人类大脑形成的一种思想性意识，那么是不是无须对你们进行公平教育，你们长大后，自然而然会变成主张公平的人呢？

不，不是的。

公平像人道主义一样，也是必须从中学时代起就牢牢确立的"普世价值观"。因为人要求他人对自己公平的意识几乎是天生的，替别人诉求和争取公平的意识却是后天形成的，是需要人文教育来不断"帮助"才能形成的。而完整的公平意识，是"为自己"和"替别人"这两种公平意识的组合。这是人与动物的本性区别之一。对动物进行人文教育是"瞎子点灯白费蜡"，因为动物终归是动物，"公平"和"人文"这些关键词无

"为自己"和"替别人"组合起来，才是完整的公平意识。

法对它们产生任何心灵的触动。而人无完整的公平意识，便没有平等观念可言，也就没有所谓的正义感。若这样的人在人类社会中占大多数，那人类社会便接近动物世界了。

当下之中国，公平、平等、正义这三个词被说得很多，写得很多，宣讲得很多。

公平与平等，词义相近，区别就在于一个"公"字。

目前，世界上绝大多数国家还只能做到法律面前基本人人平等，机会面前尽量人人平等。

那么，"平等"是相对的理念。不要说绝对的平等根本不可能实行得了，就是较普遍的平等也须在各种机制较有效的监督下才能实现。

法律平等要靠一整套健全的法律体系来实现，而机会的平等则要靠各类社会规则成为普遍社会共识来达成。

就以你们都曾经历过的小学升初中这件事为例吧。中学的教学水平是有差异的，有了差异就有了竞争。但哪一位家长不希望自己的孩子能升入一所教学水平高的中学呢？于是托关系、批条子、塞钱等种种"潜规则"就出现了，致使教育也被腐败行为所玷污。现在小学升初中普遍实行就近入学，这是否好了些呢？当然好了些，但另一种情况又出现了：所谓"学区房"价格猛涨。你规定了就近入学，我就在重点中学附近买一套住房，迁一下户口不就行了吗？但"学区房"可不是什么人家都能买的。在北京，重点中学附近的"学区房"，有的房价

（旁注）公平和平等都是相对的

（旁注）社会的不公平有时是显性的，有时是隐性的。

高达每平方米六七万元。那么情况成了这样——虽有就近入学一视同仁的规则可依，能买得起"学区房"的父母，同样可以使儿女顺利地升入重点中学；而买不起"学区房"的父母，儿女即便成绩再优异，只能上一所住家附近的普通中学。

于是，我们可以这样认为：平等大抵是指一种原则及依据此原则而实行的规则。

公平大抵是指审视和监督平等与否的，较能代表公民社会立场的态度。

没有公平，平等规则便会逐渐形同虚设，社会正义可能逐渐隐没。

用公平意识对待父母

亲爱的同学们，依我看来，在你们与父母的关系中，也存在着严重的不公平。这不是指家长们对你们有多么的不公平，而是指你们对自己爸爸妈妈的不公平——你们中大多数却意识不到。你们要确立公平意识，也须从自己对父母的不公平开始反思、反省。

中学生已到了具有反思和反省能力的年龄了。

你们大都是独生子女，也大都是父母的心肝宝贝。不论在

对父母公平是公平意识形成的第一步。

城市人家还是在农村人家，不论在富有人家、普通人家还是贫困人家，父母对你们的爱可以说是无差别的。

我听到有同学在说是有差别的。

真的有吗？

那你们所指的差别是物质满足和欲望满足上的差别。

而我指的是父母的爱。

若你们看重父母对你们的物质满足和欲望满足，并以此来衡量父母对你们的爱的话，那么这便是你们对父母的不公平了。

独生子女大都是父母的宝贝疙瘩。有时，身处这样环境中的孩子，想不以自我为中心都难。如果一个人自幼便是"小皇帝"（"小公主"），那么他往往很难明白怎么做才不算"唯我独尊"。

亲爱的同学们，特别是出生在普通家庭和贫困家庭的同学们，你们有没有想过，为了让你们健康成长并获得良好的教育，爸爸妈妈是多么不容易！有时候，为了满足你们的某种物质要求，他们口挪肚攒地算计着花钱，难为自己，却绝不会委屈你们。哪怕仅仅是你们从未说出口的一种欲望，只要他们猜到了，就恨不得一个人做几份工也要为你们实现，希望能带给你们惊喜。

百善孝为先。

我听到出自你们之口最多的一种说法是："他们是父母呀，那是很自然的事，他们甘愿那样啊！"

当然是很自然的事。他们当然也甘愿那样。

但你们对此就应该心安理得，并习以为常吗？

有一次，我见一名即将毕业的大学生边走边用手机跟父母通话，问父母家中存了多少钱，因为他已决定毕业后留在北京，父母应该替他买房子交首付款。

"怎么，才攒了那么点儿钱？你们不知道北京的房子什么价吗？你们总对我说放心放心，有钱有钱，怎么真到我要用时才那么点儿钱？我上大学这四年，你们在外地打工挣的钱都怎么花了啊！……"

他站在一棵树下生起气来。

听听，哪里有什么公平可言呀！这对父母太不公平了！

在农村，我还经常看到这样的情形：父母在十八九、二十多岁的儿女面前劳动着，做儿女的却似乎视而不见，即使父母手中那活儿很需要儿女帮把手，他们也无动于衷，独自玩手机游戏，或聚一块儿嗑瓜子聊闲天。他们大多都已能在外打工挣钱了，但有多少儿女给过父母钱呢？即便给，又舍得给多少呢？而为了买最新款的手机，他们却舍得花上几千元。

也有少数城里青年，因为谈恋爱了，女友提出住房的要求了，便逼着父母将毕生积攒的养老钱全部"贡献"出来，或"请"年过半百的老父母租房住，将家中的房子让给自己来结婚。父母稍有异议，便对父母心生怨恨，甚至做出伤害父母的行为。

这哪里还有半点公平可言？

"他们是父母，我是他们唯一的孩子，他们有责任将我的人生安排得好点儿。"——这是我时常听到的话。

"他们就是那样的，不是我非要他们那样。他们认为就是为我活着的，我也没办法啊。"——这也是我时常听到的话。

还有的青年，从不说以上两种话，但对普普通通、默默无闻、含辛茹苦将自己养大的父母感情淡漠，非但毫无感恩之情，甚至还心存蔑视、怨天尤人，经常叹息自己投错了胎。

大千世界，自然什么样的儿女都有。不良不肖的儿女不光中国才有，也不光当下的中国才有。

但如果一个人能从中学时期就开始以公平意识自觉地叩问一下自己与父母的关系，并由而省悟到父母的不容易，那么日后便不太会成为以上几类青年。

诚然，大多数情况下，父母为儿女所作出的种种牺牲，的确是心甘情愿、无怨无悔的。

诚然，还有的父母几乎是在用爱心"绑架"儿女。他们对儿女的爱，带有强迫症的性质。越是家境一般或贫困之家的父母，越希望为儿女做得多一些，再多一些。只要能使儿女生活得好点儿，他们愿意付出一切，牺牲所有。这是因为他们对儿女心怀极大的愧疚，仿佛自己没能使儿女过上那种优越富足的生活，实在太对不起儿女了。"可怜天下父母心"这句古话正是针对他们而言的。

即使是古人，不也明白那样的"父母心"非常堪怜吗？

亲爱的同学们，特别是清贫之家的儿女们，你们能体会父母操持一个清贫之家、抚养自己成人的不易吗？

我仿佛看到你们都在点头啊！

这就好，这就好。

只要你们能心疼父母，而不是抱怨父母，那么你们与父母之间的养育与被养育的关系，就开始有公平可言了。

但你们毕竟是中学生，即使知道心疼父母了，也难以真正为父母做多少事啊！

有几点又是你们可以做到的：父母下班了或从地里干完活，疲惫地回到家中，你开门时能否给父母个笑脸呢？写作业前能否先对父母说几句话呢？比如走上前问一句："爸爸（妈妈），今天工作累吗？等我写完作业给您捶捶背、揉揉肩啊！"父母过生日时，能否自制一份祝福卡送给他们呢？如果他们又加班了，能否发条短信让他们不必为你们的晚饭操心呢？在适当之时，比如与他们聊天时，能否乐观地对他们说："对于我的将来，你们大可不必太过忧虑，我将来肯定能打理好自己的人生，虽然我不能保证考上名牌大学，但是我自信，对于我的人生，是否拥有名牌大学的学历并不是最重要的，综合素质加上实际工作能力才更重要；虽然我现在还无法确定将来考什么专业，从事什么工作，但请爸爸妈妈放心，我将来肯定会是一个能够自食其力的人，并且肯定会让爸爸妈妈的晚年获得我周到的照顾……"

我仿佛听到有的同学在小声说：“太缥缈了吧，万一做不到，不就成了大话了吗？”

心里有就做得到。

不，我不认为缥缈。缥缈不缥缈，那要看你们对自己的人生究竟有什么样的期望。如果你们的期望并不脱离自身的实际情况，如果你们的爸爸妈妈不是那种一心望子成龙、望女成凤的人，那么，在以后的中国，大学毕业生的择业机会将更多，工资将更高，老年人的社保和医保将会进一步改善，城市平民及大多数农民的生活水平将会比现在更好。在这一前提下，你们对父母的保证会实现，起码会以“初级阶段”的程度实现。

如果你们问我在上初中时是否已这么懂事，那么我老老实实地告诉你们：不是。我在初一时还逃过学呢！与今天某些穷人家懂事的、坚毅的、善于替父母分忧、毫无怨言地与父母共度家庭难关的中学生相比，当年的我简直很混啊！但我那样，并不是由于什么一己欲望无法实现，而是因为我想工作，我想为家里挣钱，哪怕挣很少的钱也好。而这却只能是梦想，所以才陷入极大的苦闷，以致厌学。但在我报名下乡以后，确切地说是告别家庭、离开城市之前，我一下子变得懂事了。因为我觉得，老天总算开了眼，指给了我一条为家里挣钱的路。这样，母亲脸上的愁云会减少一些，父亲在大西北建筑工地的食堂里，也可以舍得买盘青菜吃，而不必为了省钱一块腐乳吃三天了。我的梦想变成了现实，那我还有什么理由不懂事起来呢？

我这一代人中的许多人，与你们这一代的主要区别在于，是家庭中长子长女，有不止一两个弟弟妹妹。作为哥哥或姐姐，不可能没有对弟弟妹妹负责任的意识。在弟弟妹妹和父母之间，作为贫困家庭生活的见证人，我们没法不把父母的辛苦看在眼里，记在心间。一有机会，我们当然会无怨无悔地替父母分担家庭压力。

这一点，你们若是独生子女，肯定不如多子女家庭的孩子体会深、感受多，这也是可以理解的。

我仿佛又听到有同学小声说："你在讲孝道嘛！可你为什么不就孝讲孝，而非强调什么儿女与父母之间的公平不公平呢？"

问得好。

在中国古代，对儿女的孝道要求很高。按照那些要求，一个好儿女太难做了。我并不完全接受那些教诲，更谈不上喜欢。儿女在父母面前说话时，应低头肃立，轻声慢语，有那必要吗？儿女一时心烦，冲父母大声嚷嚷几句也可以体谅，只要过后认了错就不算不孝。父母心烦时就不对儿女嚷嚷了？我也多次见过父母对儿女大喊大叫的情形。如果父母对儿女大吼大叫，却不允许儿女表达自己的态度，那也同样是不公平。

在我看来，所谓孝，发乎内心才好。

而作为儿女，倘不能以公平与否来思量自己与父母的关系，其孝难免有做样子的成分。

公平与否之叩问，在儿女和父母间，乃是人类社会的第一
等叩问。儿女者，有必要明白这点：父母也是人，他们对儿女
的关爱虽属天性，但是他们希望这种本能之爱得到儿女的情感
回报，也同样符合天性。

人的公平意识从哪里来？

公平意识不是天生固有的。它首先是从子女对父母的体恤
心中产生的。

"老吾老"三个字，包含了多么饱满的体恤之情啊！

而"体恤"一词，在古代一般是指长对幼、尊对卑的关怀。
我一向把这个词用在儿女对父母的关系中，意在强调此关系的
平等。既是平等的，当然就要思量公平与不公平。

就我的观察来说，那种在人际关系中以自我为中心，以一
己私利为最大，丝毫也不顾忌别人感受的人，往往拔一毛可利
天下而不为。甚至，他们会为了止渴之瓢水，竟推别人落井也
觉理所当然。这样的人对待父母，大多是丧失了体恤心，也没
有公平可言的。

他们早已以自我为中心惯了，将"唯我独尊"习以为常，
继续发展下去，可能连父母也成了一个屋檐之下的"他者"了。
既同在一个屋檐之下，而且也只不过是一张桌子上吃饭的"他
者"，那么，便无异于他们的利益影响者了。

这样的家伙在社会上多了，全社会不变冷就怪了。

我相信人若能以亲情本能加上公平意识来思量自己与父母

仅仅将父母视为"他者"的人，是很难对其他人有公平意识的，更谈不上成为社会的正义力量。

有公平意识
的人才有社
会责任感。

的关系，那么公平意识也会像人道主义意识一样逐渐成为本能。具有这种本能的人，在社会中就较容易摆正自己的位置，不会以侵占别人的利益为能事，更不会得意于此。这样的人，在社会需要他的时候，也往往能够为别人（包括完全不相干的人）的利益大声疾呼，挺身维权。这样，社会的平等就会多一些，"潜规则"就会少一些；正义之声就会多一些，不正义的现象就会少一些。他们若不伸张正义便会觉得心情不舒畅，因为他们连与父母的关系都能以公平与否来思量，要他们对明显不公平的事视而不见、听而不闻地保持沉默，又怎么可能呢？

当下中国需要这样的人。

我希望你们之中，将来能多出些这样的中国人。

接下来我要谈几句自由。

如何看待自由

亲爱的同学们，你们今天已经享有比我们的中学时代多得多的自由，两代人真是不能同日而语。若我这一代人中有人对你们说，当年中学时代的我们，比如今的你们享有更多的自由，那么我告诉你们，那个人是在胡说。

但有一点是肯定的，当年我们的作业没有如今你们的这么多。普遍而言，我们当年初一、初二只上半天学，初三才开始上全天学，所以我们的课余时间是比你们的多。这可能就是我们那时候最大的自由吧！

拥有较多的自由时间几乎等于拥有较多的自由。

但是须知，当年的我们，初一、初二时虽然只上半天学，剩下的半天对于我们中的许多人来说，可并不是什么"自由时间"。作业较少不等于完全没有，做完了作业，是农家儿女的还要下地干活，往往和大人一样，一干就干到天黑；是普通城里人家儿女的，每天要做这样那样的家务。而做家务是这样一种事：想要闲懒几乎可以说是没活儿，而若想使自己的家井井有条、干净整洁，那就满眼都是活儿。当年的中学生，尤其是家中的姐姐，放学回到家里，一做完作业就得干这干那，很少能有空儿玩一阵子。她们差不多从中学起，便成了多口之家的"小妇人"，是母亲们可依靠的"助理"。可以说，当年初一、初二的学生虽然只上半天学，实际上绝不等于拥有另外整整半天的自由时间。

另外，那个年代，物资极度匮乏，吃的勉强填饱肚子，穿的自然是哥哥姐姐穿小剩的，上面补丁接补丁……如果想看书，几乎没有，偶尔有一本，大家争着抢着排队读。再就是，你们今天接触到的计算机、手机，在我的童年是想都不曾想到的。

如此说来，你们明白了吧？当年的我们，不曾享有过你们这么多的自由！

然而，也正因为你们的自由多了，你们中有些同学，反而

现今的中学生享有更多的自由

从没认真思考过，人和自由究竟是什么关系。

由于从没思考过，便以为不论"我"想怎样，别人都应该"理解万岁"。若不"理解"，不顺遂"我"意，便是限制甚而是压制"我"的自由，于是大发不满言论。此种情况，大学校园里并不鲜见。所以，除了人道主义问题、公平问题，我也要跟你们谈谈自由问题。

世上没有不受约束的绝对自由。

我调到北京语言大学不久，有一名女生找到我，对我说，她对现当代文学课毫无兴趣，她的意愿是考语言学研究生，仅仅出于修满学分的考虑，她才选了我开的课程。她对我开的课程毫无兴趣，希望我明白这点。

我点头说："明白了，对我有什么要求呢？"

她说："我不会经常来听您的课，但会偶尔在您的课堂上出现一下，希望您采取睁一只眼闭一只眼的'包容'态度。当我偶尔出现在您的课堂上了，不论坐在哪一排，您应允许我埋头看其他的书，比如英语。我保证不读出声来。还有，我如果第一堂课出现了，第二堂课消失了，您应习以为常。"

我反问："那你怎么完成我布置的作业呢？"

她说："如果您看出我的作业有明显的抄袭痕迹，我希望您只当没看出来，还希望您能给我判'优'。起码给我个'良'。因为考语言学专业研究生，中文本科成绩具有重要的参考意义。"

我冷冷地说："对不起，你的要求我一条都不能答应，但你可以不选我开的课。"

她急了，竟哭了，恼道："您这位老师太令人失望了。听别的同学说您是主张'兼容并包'的，没想到一点儿也不'人性化'……"

我说："你哭也没用的，我对你这样的学生也有一个希望——你根本就不要出现在我的课堂上。因为照你那么做来，肯定会影响别的同学听课。"

她就大声嚷嚷了起来："您搞没搞错？我是学生，您是老师，这是大学！大学是最自由的地方！您没听说过'独立之精神，自由之思想'吗？我仅仅要保持那么一点儿'自由之思想'，怎么在你这儿就完全不被理解？我就要求那么一点儿自由，您怎么就不肯给予？不要忘了我是人文学院的学生，您是人文学院的老师，'人文'二字只不过就是你口中说说而已的吗？"

我也生气了，厉喝："走开！立刻从我眼前消失！"

过后我还责备自己不该生气，向其他老师询问她的情况——如果其他老师认为她确实在语言方面具有成为特殊人才的潜质，我打算向她道歉，并允许她成为我课堂上的"特殊学生"。

但其他老师都说，也没觉得她在语言学方面有什么非凡潜质，但她的一贯以自我为中心的做派，倒是给其他老师都留下了较深印象。

真正懂得"自由"的人至少应当是尊重别人的人。

我认为那名女生对"自由"缺乏常识性认识。我认为这种常识性认识，在"中学纪"就应该明了。她的例子是较个别的例子。但像她一样，以为自由就是一个人想怎样就可以怎样的权利的人，在中国还是不少的。

其实自由是人所享有的"不可以怎样"之外的权利。人类社会越现代，形态便越复杂，管理法律与条例也越多。于是，对人"不可以怎样"的约束也就越严格了。

自由有一种"天敌"，一种"灭绝克星"，一种"超级杀手"，便是法律。当然，这里指的是进步社会的进步法律。如果一个人以身试法，那么必将以失去数年乃至一生的自由为代价。这些道理你们也都懂得。中国进行普法教育已经很多年了。今天，一个犯了法的人若还以自己"缺乏法律意识"来自辩，已经难以让人相信了。

有对不合理行为的约束，才有更广泛的自由。

我认为，自由是可以被拟人化了来比喻的。既然可以被拟人化来比喻，那么也可以想象自由是有性别的。男人意识中的自由，往往具有男性特征；女人意识中的自由，则往往具有女性特征。我觉得，对于女人，自由如同孪生姊妹；而对于男人，自由如同孪生兄弟。对于你们中学生，此比喻同样成立。自由又很像电影《化身博士》中那位科学家，一面是可敬的绅士型的学者，另一面是邪恶的坏人。

比如，当某人蒙冤，并将被错判，而另一人是唯一可以证明蒙冤者无罪的人，这时他可以选择到法庭上做证，也可以选择不做证。他的选择体现为一种自由。同时，我国法律规定，"凡知道案件情况的人，都有作证的义务"。而义务的前提是自觉自愿的。那么，面对选择的自由，如果知情者这样想：冤不冤枉关我什么事？我与他八竿子也搭不上任何关系，非亲非故的，多一事不如少一事！那么，这个人必定选择不做证。结果，此人是被自由孪生兄弟中邪恶的那一个所引导，自身也由于自己的自由选择而变得对"他者"的命运以及"他者"家庭的遭遇极其冷漠了。而我们又都知道的，一个人变得邪恶通常或曰大多是从对"他者"命运的冷漠开始的。

反之，如果一个人是这么想的：虽然那个蒙冤者与我毫无关系，或虽然他是一个曾做过对不起我的事的人，更或者他是一个许多人都讨厌的人，但他确实被冤枉了啊！我是唯一能证明他被冤枉了的人，怎么可以不做证？如果我不做证，不光他及他的亲人、家庭将遭遇不幸，审判的公正也会受到重要影响。我不能让这样的事发生！因此，此人是被自由孪生姊妹中由天使化身的那一个引导，自身也由于自己的自由选择而变得具有天使性了。

亲爱的同学们，你们以前也认真思考过自由的这种两面性吗？如果没有，那么我希望你们以后将要作出某种"自由选择"时，一定学会认真思考自由的两面性。当自由之神——别人看不到，只出现在你们眼前，而且是孪生的，外表一模一样——都在向你们招手，都显出值得你们信赖的表情时，你究竟应该向哪一个靠近呢?

　　一般而言,你们中学生所遇到的事情,性质不会像以上例子那么严重。但随着你们年龄的增加,成为青年人、中年人了,你们就会遇到一些性质比较严重甚至特别严重的事情。这里指的是某些虽然不至于危害到自己的人生、命运,但却需要自己表现出正义态度的事。你们需要作出选择,而且你们拥有自由选择的权利。是的,不论你们作出怎样的选择,都没有任何人或外力强迫你们。在这样的前提下,没有思考过自由之神"孪生"属性的人,即使是某些受过高等教育的青年,即使是某些颇受尊重的中年人,往往也不会自然而然地向具有邪恶性的那一位自由之神靠拢。

　　我认为,对"自由"的思考是人在"中学纪"就应该做的一份十分重要的考卷。而且,你们起码应该获得及格的分数,不能中学毕业了还交白卷。

自由之魔与自由之神长得很像,

　　正因为自由之神是具有"孪生"属性的,自由中邪恶的一个,还往往会成为人在生活中看不见的"损友"。尽管是"损友",人往往还不觉其"损",还往往与其"损"相处融洽,甚至引为"知交""密友"。当一个人在法律的边缘行庸俗卑劣、不仁不义、损公肥私、损人利己之事时,若自认为不至于受到法律的制裁,于是"理直气壮","自由"便是那人的护身符。

　　"怎么啦?犯没犯法?没犯法吧?"

　　"我那样怎么啦?那是我的自由!"

这是我们经常听到的话。

某次，我在街口小饭馆吃午饭，便听到一个汉子对另几个汉子大侃"自由"。他神气活现地说了这样一件事：在一个雨天，在一处正在维修下水道的路段，修下水道的工人不知哪儿去了，大约是吃饭去了。下水道盖子盖了一半，但前边横摆着"施工请绕行"的牌子。驶来一辆车，驾车人下了车，将牌子移到了旁边，将车缓缓开过。但之后，却未将牌子再摆回原处……

自私不是自由，冷血不是冷静

汉子高声大嗓地说："当时爷正在避雨，看着那车开过，又看到一人远远地骑着自行车过来了，爷心里就乐了，心想肯定有事要发生了！果不其然，那人自行车前轮掉进下水道口卡住了。你们几个是没看到当时那情形，精彩！那人整个身子在半空来了个鹞子翻身，吧唧摔前边去了，摔得那叫结实！趴在地上一动也不动，肯定落个严重脑震荡呀！结果呢，不知从哪儿冒出几个人，有的打手机，有的为躺在地上那主儿撑伞。过会儿，救护车来了，派出所的也来了。雨呢，那会儿也停了。爷也走过去，主动告诉派出所的因为什么原因那人出了事故。没想到，派出所的听爷讲完，居然问爷：'你怎么不将牌子摆回原位，或发一声警告呢？'听，我主动告诉他事故原因，反倒告诉错了似的！爷的反应多快呀，当时就顶了一句：'我有不那么做的自由吗？我有那点儿自由吗？'你们猜怎么着，那派出所的被顶得愣住了，半天说不出话！哥儿几个说，我有那点儿自由吗？"

另几个汉子说："有！有！当然有！谁敢说没有？"

"连那点儿自由都没有的话，那这国家成了什么国家？……干！干！"

于是几个汉子碰杯。

有一种"自由"是丑恶的"自由"。

在我看来，那个汉子的"那点儿自由"，真真是很丑恶很丑恶的自由！然而在我们的社会中，特享受"那点儿自由"的家伙，有时候有些情况之下还不少。

所以我认为自由的另一面，也是"损友"，不能使人格向上，而是拽着人往人格底线之下滑。

亲爱的同学们，我的人生感受是，人只有清清楚楚地明白了不应该怎样，不管在任何情况之下绝不应该怎样，才算明白了究竟什么是自由——人的自由。

换种说法那就是，将"那点儿自由"从自己的自由观中彻底剔除掉，像挑毒刺一样从内心里挑出去，人才会成为一个真正的自由的人。剔除掉"那点儿自由"，人在自由方面其实不受什么损失。如果自我姑息"那点儿自由"，"那点儿自由"会在人内心里化脓，形成大面积感染，最终人的自由观就会从总体上烂掉了。将之剔除，人的自由观健康无溃疡，那样的一个自由的人，才能真正享受到比动物的自由高级得多的自由。

我听到有的同学又在说："你这个人，卖的什么狗皮膏药呀！别忘了你的书名是什么，是《中学生如何写好作文》！你明明是在进行说教嘛！你又不是在上品德修养课，说这些跟写好作文有什么关系呀！"

诸位同学，莫急，莫急。

我说的这些，与写好作文大有关系。

作文的"观世音菩萨"

请大家耐心看下去，容我在此章讲最后一件事：

上个世纪，有一位中文教授刘文典，他曾主持安徽大学筹建工作，并担任校长。刘文典学识渊博、学贯中西，古典文学欣赏课讲得尤其好，每有独到见解。但听他课的学生有一阵对他不满意了，因为他从不指导写作，也没讲过自己在写作方面的见解。

有一天，他在黑板上写了大大的五个字"观世音菩萨"，接着娓娓道来，讲起写好文章的见解来。

刘文典所谓"观"，自然指观察生活。对于你们中学生，我觉得强调关注生活，特别是关注"他者"的生活就够了。谁也不可能整天在观察生活，但一名中学生整天除了面对课本便是作业本，不关注生活中的其他事（我指的是生活中，不是指网上或电视中）的话，那么他对现实生活的感觉必然变得越来越迟钝，这样的中学生是写不好作文的。须知，我们大多数人

世事洞明皆学问，人情练达即文章。

— 243 —

往往是通过关注"他者"的生活来体会、内省和总结自己的生活的。

刘文典所言之"世",乃指"世理",便是我在这一章不厌其烦地想要灌输给你们,也可以说是想要像种牛痘那般种在你们头脑里,种在你们心里的"道理"和"大道理"。我并没有想要在你们心里种很多,我只想要将人道主义、公平和自由这三条"大道理"种在你们心里,不是吗?

有些人根本不承认什么"普世价值观"。

但我一向是信奉的。

我还是少年时读过的那些好书,将"普世价值观"像种牛痘一样种在我心里了,使后来的我受益匪浅。

我希望你们也因这颗"牛痘"受益匪浅。

但愿煞费苦心的我,往你们心里"种"成功了。

我认为不懂以上三条"大道理"的中学生,即使特有感性思维能力,也能写出几篇较好的作文,但到了"高中纪""大学纪",则往往会,不,注定会越写离"好"字越远了。不懂以上三条"大道理",连人都做不好,怎么会将作文写得越来越好呢?

好作文看起来悦目,读出来悦耳。

刘文典所说的"音"是指对文字词汇的好感觉。这为什么在他那儿成了"音"呢?因为古代的好文章、好诗、好词,不仅要用眼睛来看,还要读、吟、诵,也就是要朗朗上口。在古代,不仅诗、词、曲、赋讲究"音"的平仄、节奏感,构成好文章的句子也是那么要求的。

好的作文、一等文章，读起来音韵应更好。

"幸福的家庭都是相似的，不幸的家庭各有各的不幸。"这是托尔斯泰的名著《安娜·卡列尼娜》开篇的一行文字。据说是他更改了二三十次才确定的。除了托翁对创作认真的态度令人尊敬，这开头本身也被许多评论者及读者称道。短短的一行字，并非文采绮丽，概括的也基本上是世人皆知的道理，究竟好在哪里呢？老实说，很多年以来我一直困惑。后来，我认识了一位俄罗斯话剧演员后，便向他请教。他说，要读出来才明白。因为只有读，韵律感才能更好地体现，也就是我们所说的朗朗上口。于是他便用俄文将它读出来，果然音韵和谐、优美动听。我举此例是要证明刘文典以"音"来强调文字流畅、读起来顺口的重要性，并非指东说西。

至于"菩萨"二字，在刘文典的概括中毫无迷信的成分。他不迷信，我当然也不。刘文典以"菩萨"二字强调的是善良之心，强调的是仁慈心。无善良便无同情。倘若没有同情，用极冷漠的态度看"他者"的命运，是写不好作文，也不可能写好其他文章的。一篇带有温度的作品，一定是传递着世间的真善美，而这是好作文、好文章的灵魂。

用一颗仁心看世界、写文章

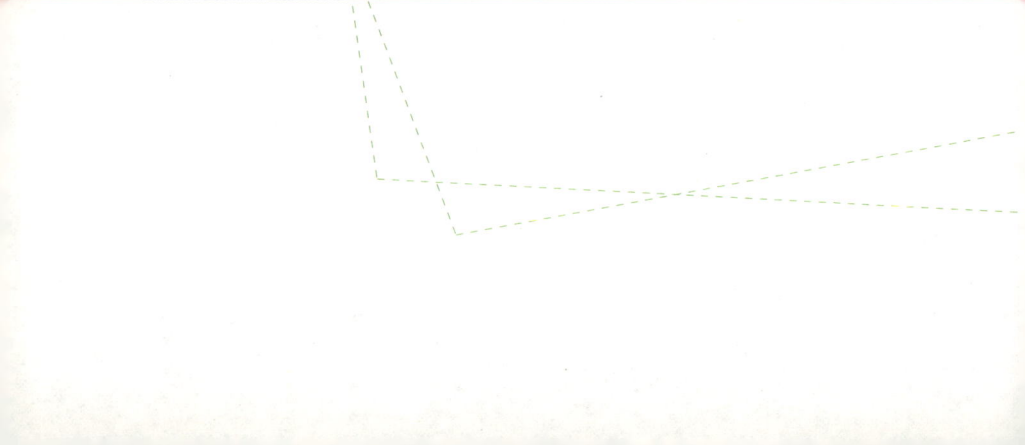

第十二章

文字是文章的肌肤

写作文时应该注意使用书面语言，尽量使字词恰当、简练、生动有趣。同学们可以在完成一篇作文之后朗读全文，根据语音、语感来修改不恰当的字词和语句。

好作文的文字

事实上，我并不自信"文字是文章的肌肤"这个比喻是很恰当的。多年以来，我一直想要用一个极恰当的比喻来形容文字与好作品的关系，却一直寻找不到更恰当的。

中学时，我的语文老师总是讲，人饰衣裳马饰鞍，好文字是好作文的"衣裳"。

成为作家以后，我也常听到从小学到大学的老师们对学生们说，好文字是好作文的"衣裳"。

但在现实生活中，我们经常会看到这样一种情况：一套好衣裳穿在某人身上，我们并不觉得他美了多少，甚至恰恰相反，觉得很难看。因为最能给我们留下印象的那个主体是人，而非衣裳，若那个人与那套衣裳不适合，就会给人以不伦不类、别别扭扭的感觉。

衣裳纯粹是外在的。

优美的文字能使作文给人良好的第一印象。

我把文字比喻成作品的肌肤，是指文章的优劣主要是由内在的本质和气质来决定的。好比肌肤是否润泽，主要不是靠化妆品的作用，而是由脏腑的健康与血脉运行的通畅来决定的。

但也不能说，因为文章的优劣主要由内在因素来决定，所以写作可以完全抛弃技巧和经验不谈，甚至什么"忌讳"也不讲。

技巧和经验是肯定要有的。

"忌讳"也是要讲的。

内在因素前几章讲过，不再谈了。

我们现在来谈"忌讳"。

我觉得，在中学作文中，有一个字被用得太随意，便是"了"字。

我读过一篇中学生作文，有一小段是这么写的："起床了、漱了口、洗了脸、吃了饭，我背上书包出了家门……"

中学生作文中还经常出现这样的句子："背在了背上""拿在了手中""扔在了路上""揣入了兜里"等等。

如此这般使用"了"，如同正做着木匠活的木匠，随手从钉子盒中抓起一颗颗钉子，为图省事胡乱地往木头上钉一样。

好木匠是要求自己少用钉子的，"了"就是文章中的"钉子"。

以上那些句子中的"了"字，不论看还是读，都给人以文字枯乏、了无生气的印象。尤其"背在了背上""拿在了手中"等句子，很不简洁。"背"自然只能背在背上，"拿"也必定是在手中。

写作文时应该注意使用书面语言，避免日常口语。

中学生作文为什么会出现这样的情况呢?

因为作文的过程也是日常口语向书面语言转化的过程。如果平时词汇量小，日常口语习惯便会自然而然地带到作文中。日常口语是快速而又随便的语言形式，没有人对自己或他人的日常口语实行高标准的要求。但作文应是对文字有要求的。

如果有要求，不但"了"字不会频繁被应用，以上例子中那些简单的句式本身也应有所改变。而作文中对于字、词的不一般化的应用，往往就体现在对口语习惯的克服上。

从一篇习作看作文的文字

恰巧，我的一名研究生交来了她的几篇习作。

我告诉她，我正在写一本关于中学生作文的小册子，请她允许我以她的习作为例来谈中学生作文的文字问题。

她乐意地答应了，说如果以她的习作为例能对中学生作文写作的提高有帮助的话，那实在是她的荣幸。

她第一篇习作的开头是这样的：

> 今天被迫做了一个自我介绍，后来结束以后，有
> 人用稍带吃惊又不敢太吃惊的语言问我，你怎么会做

时常给自己的作文挑字眼儿，文字水平就能在不知不觉中提高。

了那么多事情，同时？难道你用的是美国时间？我不

知道怎么回答，觉得说来话长，又太短。

好作文的语言应该简练恰当，增一字则多，减一字则少。

这一段开头，值得指出的"忌讳"有以下几处：

一、做自我介绍应该用"次"，通常不说"个"。在这点上，其实日常口语习惯也有规范，违反会使听者感到别扭。

二、"后来结束以后"，这是日常口语讲述可以忽略的重复，如"嗯嗯""啊啊"一样可以忽略，而一旦形成书面语，这种重复是很难被忽略的。

三、不过就是做了一次自我介绍，别人稍带吃惊是可以理解的，"又不敢太吃惊"的"敢"字，却是一个用得不恰当的字。"我"只不过是一名大学生，别人已经对"我"的自我介绍"稍带吃惊"了，又有什么"不敢太吃惊"呢？

四、"你怎么会做了那么多事情，同时？"——严格地说，除了受过特殊训练的人，一般人较难"同时"做两件以上的事，更别说"那么多事情"了。这句话中的"同时"，意指在同一时段内。"同一时段内"做了多少事，与"同时"做了多少事，意思是不相同的。瞧，我分明是在"挑字眼儿"。人在生活中对别人的日常语言大挑字眼儿是不好的，但好的文字作品却应该经得起挑字眼儿，写作者应该在写作时给自己挑字眼儿。我们说一篇文章文字好，正是指啰唆的、不恰当的、不精准的字眼儿被自行摒除了。

五、"难道你用的是美国时间？"——美国与中国之间固然

有时差，但两个国家都是每天二十四小时，美国时间并不比中国时间长，所以这一句话逻辑上是经不起推敲的。

诸位请看，这名研究生姐姐一篇习作的开头，只有短短的几行字，若以好文字的标准来要求，竟也是那么经不起挑字眼儿，是吧？

作文中的文字要经得起推敲

我希望你们以后写作文时，要养成自己挑自己字眼儿的习惯。经常自己挑来挑去，你们的文字表现功力必有长足进步。

还是研究生姐姐的这一篇习作，接下来却有十分美妙的一段文字。

请看：

有时候会发生这样的事：当我试图轻轻松松地将眼皮盖下来时，突然感到身体里面有一条河！那绝不是一条大地上普通的河，是一条真正的，只有夜晚才会出现在太空的银河。

你有没有在野外望到过银河？我有。小时候，我去过一次沙漠，没有一幢房子，没有一个人，没有一点儿声音。有一点儿风。我躺在沙面上，不用仰头就可以望见整片银河。可是银河并非高高地悬挂在半空中，而好像哗啦一声，向你的心坎倾泻下来！

我的银河在我的身体里静静地流淌，在我的胸腔汇成湖泊，然后向上流去。穿过脖颈时，由于太细，总是憋着、阻着，似乎要从眼睛中奔泻出来。你能想象吗？它从我双眼奔泻而出的情形，就像一道瀑布那样，全都是流星！许许多多流星拖着长长的亮亮的尾巴从我双眼中滑落出来，如同随着瀑布滑落而下的鱼儿！这简直太棒了，我是有银河和星星的人。

但我不是时时刻刻一想闭上眼睛就有银河。隔一段时间会有一次。不是想有就有，叫它来它就来。它太自由了，我一点儿也不能控制它。只有在它想来找我的时候，我才能拥有它。它随心所欲，常使我不知所措。但有一点我极为肯定，那就是它必定会再次回来。

……

在习作中释放想象力，随性下笔，有助于增强写作文的自信心。

诸君，这位研究生姐姐其实想要通过这篇习作，表达人对美好心情不泯的期待和乐观的守望。当代人的好心情经常被各种各样外界的压力所破坏，受到郁闷、焦虑和烦躁的影响，因而好心情变得很宝贵，然而它不太可能完全从一个人的生活中完全消除，因为它具有一种与生俱来的神秘属性，在人们的身体里，在人们的心里。它平时若受到压抑，释放时反而美妙到极致。

如此看来，这是一篇表达乐观生活态度的习作喽？

当然！

在我这个老师看来，若将开头改得好些，这就是一篇不错的作品了。

她的习作中还有几段不错的文字：

阳光透过纱帘，变得极轻盈、又温柔，轻轻地趴在你身上，让你觉得温暖。这时，风也来了。那是多么水性的风啊，她先从一条细细的门缝钻进来，发现你并不反感，于是掀起纱帘的一边，或者底边，用她那若水的细腻，轻轻地来来回回地荡来荡去，不一会儿，还带来浅粉色的桃花瓣。花瓣也喜欢在细风中多转几个圈，所以她们落下时也就更轻了，比雪花还轻呢。你甚至能闻到桃花的清浅的香味。你的身边还放着没喝完的水，有一片桃花就恰巧飘在水杯沿上了，还有一片飘到了杯里呢，在杯中快乐又调皮地旋转。风更高兴了，带来了更多的桃花瓣。你仿佛都可以听到她们的欢笑，所以你也微笑了。

今天和那时候很像啊。我用不快的速度骑着自行车。树枝上还没有叶子，只有嫩芽；阳光透过这许多的树枝，斑斑驳驳的，却不会被遮去太多。我就这样从树下经过，感受着阳光的绵密。我缓缓闭上眼睛，那些斑驳的阳光划过我的身体，一遍又一遍，夹着树的影子，仿佛很多年前我看见风吹动纱帘，荡过我的

将主观感受融入细节中，可以使作文的情感表达更细腻。

身体。阳光突然有了昔日桃花的香气，她的面纱也如落在我杯中的那一片花瓣。

有工作可做，生活变得特别美好。

不久前，我有工作了。尽管是临时的。

而今天我休息，内心里愉快又温暖；虽然春天还没有来临……

同学们，你们是否能从这位研究生姐姐的习作中感觉到她是一个乐观向上的人呢？如果感觉到了，那么她的乐观向上多少会影响到你们的心情。如果你们的心情也正好着，那就会更好一点儿；如果心情不太好，是否也会少了一点烦恼呢？

一篇文章，如果能使读它的人的好心情更多一点儿，不太好的心情少一点儿，那就算一篇挺好的文章了。

好文章可以给读它的人带来正能量。

按照刘文典先生说的，在"观"这一点上，她关注的虽然不是"他者"，而是景物，但观察得很细致。如此细致地观察生活，其实就是享受生活。写出来，也是在提醒别人：我们的生活并没有变得完全不好。

在"世"这一点上，她显然懂得这样的道理：你没有必要伤心到底、颓废或娱乐至死。千万别将自己的人生看成一条唯一且漆黑无比又没有尽头的路。我们还年轻，为普通的好生活而努力工作，一些烦恼的事是会改变的。

在"音"这一点上，我认为我摘录的那一大段文字，不但看起来不错，读出声来会更好。

能写出这样一篇习作的学生，我相信她是有一颗善良之心的。

"下班以后，春光初好。有一点风，又没有那一点风。"这也是她习作中的一行字。我特别欣赏"有一点风，又没有那一点风"之句，认为是妙笔。此句要写的意思显然是，觉得有风，却又像没风。但是对文字稍微调整了一下，句子就不经意间活泼起来了。

我在两个"一点"后边，都为她加上了"儿"字，但又删去了。

为什么呢？

因为不加"儿"读作"一点（diǎn）"；而加了"儿"，字音变得极轻滑了，我反复朗读，认为听觉效果并不好。

看，当年刘文典先生之"音"的要义，在这"一点"和"一点儿"的区别间，是不是真切地体现出来了呀？不读，便未闻其音。一读，作出决定的自信就大了。

好文章具有音韵之美。

所以我的建议是，写下一行字时，那行字应是一边在心里默读一边写出来的。起初会不习惯，渐渐就习惯了。最好是作文写完后自己读一遍。因为通过读，某些顺眼不顺口的字或词就容易发现。而好的句子，不但看起来顺眼，读起来也应该顺口，而且应该朗朗上口。

写到这儿，你们或许有一个问题：为什么那位研究生姐姐的习作开头很"水"，接着居然写出了几段好的文字呢？

这就叫"渐入佳境"呀！

怎样写好开头

写作之事，大体可以分为以下两种情况：

一、自己对开头要求极严，定的标准也高，有股子"语不惊人死不休"的劲儿。《安娜·卡列尼娜》的开头就是典型例子。据说托尔斯泰为那一行字折磨了自己一个来月。

然而这样的写作，或许只适于托尔斯泰那样的人。今天大多数写作者都不太可能做到那样。从小学到大学的一切学生，更不太可能做到那样，也没必要非那样。好作品的好开头，不是只有那样才写得出来。

二、难以确定应该写出怎样的开头，但心中有某些好的感觉、体会，形成一股冲动，促使人立刻进入状态。或者，其实知道应该写出怎样的开头，但在字词的选用方面，一时犹豫不决，颇费思量，而时间又不从容，于是就只有写起来再说。那么，"渐入佳境"便是此种情况下不错的状态了。

亲爱的同学们，据我了解，除了假期，你们的作文基本上是在时间不从容的情况下写出来的。这是没法子的事。能在此

种情况下"渐入佳境",已经是特别良好的状态了。尤其是在
考场上,时间不等人,哪里容人为了开头久久地冥思苦想呢?

　　所以我给出的建议是,若是平时写作文,写毕,应将自己
不太满意的开头改一遍。自己明明不满意,为什么不改呢?特
别是,如果自认为"渐入佳境"地写出了好内容,又为什么不
使一篇内容好的作文有一个好的开头呢?须知,当你们果真写
出了好内容之后,其实已经非常明了什么样的开头适合你们那
篇作文的内容了。起先在头脑中"憋"不出来的好字词,那会
儿往往油然出现了。

　　更为重要的是,你们这样做能培养一种对自己所做之事不
凑合,不马马虎虎交差了事的良好意识,同时自我训练了一种
统筹兼顾的能力。这种能力,必定将使你们在以后的工作中受
益匪浅。

　　若是在考场上写作文呢?一旦被开头卡住了,千万别慌。
根本没什么可慌的。思考一下,将要写的开头大致是怎样的,
估计多少字,空在那儿。待连结尾都写罢,再补写开头。如前
所述,补写时,就会顺利多了。

　　告诉你们一个秘密:据我所知,某些小说家的作品的开头,
还有某些戏剧家的作品的序幕乃至第一场戏,往往也是起先搁
置着,后来才补写成功的。

作文的开头
可以留到全
文完成之后
再补写。

── 259 ──

鲁迅的文字

赏析名作修辞，揣摩名家落笔之用意。

下面，让我们以鲁迅名篇名作中的几段文字为例，来欣赏他用字的精炼，同时品味刘文典先生关于"音"的论述的含意。

今天晚上，很好的月光。

这是鲁迅《狂人日记》中的句子。

虽然只短短九个字，但我觉得，从这九个字能看出鲁迅是深谙"音"的重要性的。

尝试删改名作的字句，体会改动前和改动后的差别。

你们也都知道，鲁迅曾主张"竭力将可有可无的字、句、段删去"。

若按鲁迅的主张，将以上九字，缩写为六字岂不更好？

那就成了这样：

今晚，月光很好。

甚至，可以连逗号也去掉。

究竟好不好呢？

读一读才知。

我相信，你们若读，会感觉到，还是并不缩写的好。

又比如我这"还是并不缩写的好"，其实也可缩写为"还是不缩写好"，这么一缩写，看起来一字不多了。但读起来呢，句子没了抑扬顿挫，干巴巴的。

　　我不见他，已是三十多年；今天见了，精神分外爽快。才知道以前的三十多年，全是发昏；然而须十分小心。

这也是《狂人日记》中的句子。

"已是三十多年"的"是"字，可删掉的，鲁迅何以不删？

"今天见了"，为什么不写成"今日见了"？"日"字不是比"天"字更书面语吗？鲁迅何以选择了"天"字？

"全是发昏"——此句在你们中学生那儿，往往是会加上"头脑"二字的。

"然而须十分小心"——"然而"二字，也是可删的，鲁迅保留了。不要以为鲁迅没修改过便发表了。这么重要的作品，他怎么会不认真地改？

既然主张"竭力将可有可无的字、句、段删去"，在上面这一段文字中，却又保留下了一些可删之字，究竟是为什么呢？

因为鲁迅太明白，文字在看起来怎样与听起来怎样之间，效果差异蛮大的。只有将看起来的效果与听起来的效果结合起来考虑，删哪些字、不删哪些字的决定才是对的。

好作文是语言的艺术，不光要文字顺眼，也要读音顺耳

秋天的后半夜，月亮下去了，太阳还没有出，只

剩下一片乌蓝的天；除了夜游的东西，什么都睡着。

这是《药》中的句子。多棒的一段文字呀！不论看起来还是读起来，都那么好。读起来更好。

若将"太阳还没有出"一句去掉"有"，"出"的后边再加个"来"；

若将"天"后边加个"空"；

若将"夜游"前边加上"某些"二字；

若将"什么"前边加上"其他"二字——

请诸君读读，效果肯定不一样了。但不是变好了，而是不那么有味道了！

你们有点儿佩服刘文典先生那个"音"字的要义了吗？

在我的后园，可以看见墙外有两株树，一株是枣

树，还有一株也是枣树。

这是《秋夜》中著名的句子。

许多读者和评者们，每困惑于鲁迅的"一株是""还有一株也是"。鲁迅为什么非这样写呢？

我认为，这是出于对"音"的考虑。

文字之于鲁迅，如同音符、章节之于作曲家。我确信，鲁

打破常规行文有时能造就经典。

迅在写着那些名篇时，也许会一边写一边默读吧？就像作曲家每创作一个小节都轻轻哼唱那样。

给诸位留一道思考题，内容选自鲁迅的《一件小事》：

> 我从乡下跑到京城里，一转眼已经六年了。其间耳闻目睹的所谓国家大事，算起来也很不少；但在我心里，都不留甚么痕迹，倘要我寻出这些事的影响来说，便只是增长了我的坏脾气，——老实说，便是教我一天比一天的看不起人。

我觉得，以上这段文字，特别是作为开篇文字，仍有斟酌空间。有的字似乎也可以改，有的字可以删。仅两处而已。若改若删，不论看或读，都更好些。

哪两处呢？

同学们闲来无事时，不妨以挑剔之眼找一下，权当换一下脑筋。

没事的，不必因为上面这段是大家的文字，心中便先生出恓惶来。

鲁迅断不至于生气的。而且，我想，他还会很高兴。

为了训练自己对文字的敏感，我建议你们将这种方法当成习惯，一俟闲时，倘心情又不错，便看看、读读大家们的短文，以挑剔之眼来发现瑕疵。也许并非瑕疵，确实是"鸡蛋里挑骨头"。那也没什么可笑的。所有的大家都不会生气的。

文字的性别倾向

像人和动物是有性别的一样，文字也是有性别的。

全世界任何一个国家的文字都是有性别的，这是人类文字的一个真相。

西语国家的一些字、词，明确地要以阳性、阴性、中性来划分。不过那并非我所说的性别之分。我所说的性别之分，是指像人一样的男女之分。这一种性别之分，在我们的汉字中体现得尤其明显。

这是因为，我们的汉文字在初创时，包含象形和会意两种造字方式。当然，这也是你们知道的常识。

汉文字中"女"旁的单字极多，这些字显示的多是与女性关系密切的社会生活。这样一来，带"女"旁的单字，以及由这样的字组成的词，仿佛便有了女性之性别。用它们来描写男人及与男人有关的方面，有多半时候是不相宜的。

我为什么要谈及这个常识呢？

因为据我所知，情况一般是这样的：你们在"小学纪"作文时，由于所识的字、词还很有限，几乎都是以中性字、词来写作文。

若遮掩了姓名，将某篇作文给人来看，除了有经验的语文老师，大多数人不太能肯定地判断出哪篇作文是男生写的，哪篇作文是女生写的。包括小学生们自己，也大多是分不太清的。

但在"中学纪"，情况颇为不同了。

由于你们中学生所识的字、词多了，课外阅读也多了，于是一些具有明显性别色彩的字、词开始被你们记住、应用、偏爱。

通常现象是，男生偏爱那些"男性色彩"鲜明的字、词，而女生往往相反。

若遮掩了姓名，将几篇作文给人看，包括给你们中学生自己看，分出哪几篇是男生写的，哪几篇是女生写的，将会是很容易的事了。

这有什么不好吗？

没什么不好。

也许世界上从没有人对此说三道四过——那么我就成了第一个人。

我确实不认为这样有什么不好；但又确实认为，相对于你们将来应该与文字所建立的更广泛的关联而言，不是很好。

想想吧，如果一个人在是中学生时，便有几分自觉又有几分不自觉地对文字形成了性别偏爱，那么，可能导致他的这种偏爱在高中、大学更加明显。这种习惯甚至会影响其以后一生

有文字性别倾向的作文并非不好，只是略有局限。

在欣赏、评论文艺作品尤其是文学作品时，总是从女性或男性偏爱的立场出发。这就好比，世上的物品是何等丰富，可某些女性只逛"女性用品店"，而某些男性眼里只有男装款式一样——两类人对于我们人类亲爱的"另一半"的用品取向都将缺乏深入的了解，从而也将对他们或她们本身了解得不够全面。

所以我对你们的另一个建议是，初中女生往往自然而然地喜欢女性作者的作品，但同时应有意识地要求自己读一些男性作者的作品。以诗词为例，不但要读李清照，还要有意识地读岳飞、岑参、辛弃疾们。反之，男同学也一样。若以现代诗为例，男同学不但要读北岛、顾城、海子、西川，也要有意识地读一读舒婷。

在我看来，海子是极特别的诗人。他的诗有徐志摩的旖旎婉约，有顾城的敏感不安，更有小说家郁达夫的叹息与忧伤。

从徐志摩、郁达夫、戴望舒们，从他们与文字的关系来看，有那么点儿像是现代的晏殊。你们若读过舒婷的《致橡树》，便会形成典型女性诗的印象；而她的《祖国啊，我亲爱的祖国》却将男性诗深沉的大情怀跃然纸上。

我的看法不见得对，只不过一家之言。

我的目的是，希望你们进行有意识的、超越性别自然倾向的阅读。若女生，可领略文字在男性笔下的风采；若男生，可品味文字由女性来组合的魅力。

这样，你们可较全面地体会文字在人类笔下呈现的大状态、

淡化作文文字性别倾向，须从跨越性别倾向的广泛阅读开始。

淡化修辞的性别色彩能使作文更宏观。

大景观。

女生们，请你们也亲近男性作者笔下那些阳刚的、雄浑的、壮阔的，甚至惨烈的文字吧！

男生们，请你们也亲近女性作者笔下阴柔的、曼妙的、纤细的，甚而精致的文字吧！

那样，你们对文字与人类的情调的、情绪的、情结的、情愫的、情感的与情怀的关系，才会具有全面领略的眼光和视域。

这时，无论你们是欣赏者、评论者或是创作者，便不再仅仅是一名女性或一名男性在欣赏、评论和创作了，而更是一个现代的"人"在欣赏、评论和创作了。

即使你们将来的生活使你们无暇欣赏文学作品，所从事的职业也与评论和创作毫不相干，那你们在"中学纪"超越性别的阅读也会使你们受益匪浅。倘在作文时能够有意识地超越性别倾向，对那些异性色彩明显的字、词予以应用，则其益甚大。这是因为，你们通过某些男人和女人对文字应用、表达的特征，能进一步了解男人和女人在亲情、友情、爱情、集体关系、社会关系乃至国家关系中的相同之点、不同之点，你们将会成为较为了解"人"的人，而不仅仅是较为了解女人或男人的人。最重要的是，因而成为特别了解自己的人。

写好作文更深的意义

告诉你们一个人类与文字的史性关系的真相：在特别漫长的历史时期内，人类中只有极少数的人与文字发生了亲密关系。

文字能力已经被大众广泛拥有，每个中学生都可能成为长于应用文字的人。

也只有极少数人长于应用文字进行记载、表达、交流、评论或创作。于是这极少数人便格外受人尊敬。他们或她们中，长于且精于文字者每被视为天才，进而受到崇拜。在希腊和罗马神话中，都有专司文艺之事的女神，叫缪斯。在诸文艺中，诗人尤其受到缪斯的关爱。因为诗代表人类应用文字的最高境界，诗人是徜徉于最高境界的天才，理应被崇拜。但现代人与文字的关系早已今非昔比。在现代人中，具有一定文字应用能力的人不再是极少数，渐渐成了大多数。文盲的数量已被视为判断某一国家、民族是否落后的标志之一。

于是，长于并善于应用文字的人也空前多了起来。

若想在应用文字进行记载、表达、交流、评论或创作方面达到"天才"水准已绝非易事，此前人类在这方面达到的水准确实太高了。即使后人达到了同样水准，也很难再被视为"天才"。因为时过境迁了，现代人应用文字的水平普遍提高了。

但另一个事实是，若非以"天才"水准来衡量，那么许许多多现代人应用文字的能力或潜能力，其实都可被视为"准天才"的。

换一种说法便是，由于前人达到的水准确实太高了（我这里主要指的是古代），而现代人应用文字的水准普遍提升了，所以一个人被公认为具有精于文字之能力虽然绝非易事（我认为，全世界近百年来就没再产生过几个这样的人物），但成为长于应用文字的人，却又不是那么难。

如果我勉强还能算是"长于"者中的一个，那么我认为，你们每一名中学生将来几乎都可以成为"长于"者。你们中有的同学已显示出了"长于"的能力；另外一些同学的能力只不过还处在"潜"的阶段而已。

我希望我这本小册子，有助于你们明白自己也有那种文字能力，但若要使它由"潜"而"现"，则自觉地自我重视、自我训练不但是重要的，而且是必要的。

在一个国家中，如果长于应用文字的人多了，任何人想使这个国家不进步都不可能，想使这个国家不获得国际社会的敬意更加不可能。

写好作文于国家、于个人，都是大事。

在一个国家中，长于应用文字的人多了，那么此国家便有了整体的气质。

而那种气质的另一种说法即是："文明之国"。

一只蝴蝶扇动一下翅膀，居然会影响几千公里以外一个地区的气候，这是逻辑科学。

但一个国家的中学生们的"感性脑区"处于什么状态，这对于一个国家未来的影响，可不仅仅是什么逻辑问题，而是一个明明白白的现实问题了。

结束语

我这一本主要针对中学生来谈作文问题的小册子，并没有传授怎样写作文才能得高分的什么"诀窍"。

老实说，那类"诀窍"，我是一丁点儿也没有的。我小时候作文成绩一向不错，但却从未按什么"诀窍"写过。

我认为我真的是在谈这样一些关系：中学生怎样通过作文使自己的一部分脑区的潜能被激活，进而获得发挥与提高。怎样通过作文，初谙世事地懂得做人最主要的"大道理"——决定人之所以为人的"大道理"。

所以，一心迫切地希望获得什么"诀窍"者，不论中学生本人或家长，若恰巧拿起这本小册子从后往前翻，并正在读这段"结束语"的话，我劝你们都不必读完，干脆放下转身就走，否则，我不对你们的失望负责，且毫无内疚。

我再强调一次，这本小册子与高分作文毫无关系，其中也没有任何"诀窍"。

这里写的是另外的内容。

图书在版编目（CIP）数据

梁晓声的写作课．中学生如何写好作文 / 梁晓声著．—青岛：青岛出版社，2019.5

ISBN 978-7-5552-7423-0

Ⅰ．①梁… Ⅱ．①梁… Ⅲ．①作文课—中学—教学参考资料 Ⅳ．① G634.343

中国版本图书馆 CIP 数据核字（2018）第 270089 号

ZHONGXUESHENG RUHE XIEHAO ZUOWEN (LIANGXIAOSHENG DE XIEZUOKE)

书　　名	中学生如何写好作文（梁晓声的写作课）
著　　者	梁晓声
出版发行	青岛出版社
社　　址	青岛市崂山区海尔路182号（266061）
本社网址	http://www.qdpub.com
邮购电话	0532-68068091
策　　划	谢　蔚
责任编辑	孙　芳
特约编辑	陶庆娟
全书插画	李木子
版式设计	夏　琳
制　　版	青岛艺非凡文化传播有限公司
印　　刷	三河市紫恒印装有限公司
出版日期	2019 年 5 月第 1 版　2022 年 11 月第 7 次印刷
开　　本	32 开（890mm×1240mm）
印　　张	8.75
字　　数	180 千
书　　号	ISBN 978-7-5552-7423-0
定　　价	36.00 元

编校印装质量、盗版监督服务电话　4006532017　0532-68068050

建议陈列类别：教学参考·中学作文